‘জয়তু মা নিম্ববাসিনী’

ধূলোর গান

(লোকগীতি, বাউল, আধুনিক গান সমন্বয়ে)

প্রভাত পাল

NOTION PRESS

NOTION PRESS

India. Singapore. Malaysia.

Published by Notion Press 2024
Copyright © <**Lipika Pal** > 2024
All Rights Reserved.

ISBN xxx-x-xxxxx-xx-x

উৎসর্গ

শ্রী শ্রী গুরুদেব মাধবানন্দ পরমহংসদেবের চরণে গানরূপ পুষ্প অর্পণ করিলাম। সেই সঙ্গে পিতা শ্রী অজিত পাল এবং মাতা শংকরী পালের চরণে প্রণাম দিলাম।

বিনীত

প্রভাত পাল

বেহিরা কালীতলা, গদাধরপুর, বীরভূম

দূরভাষ: ৭০০ ১৬৮৭৫৮৮

প্রাক্-কথন

কবির ভাষায় 'সবার আগে মানুষ সত্য, তাহার উপর নাই'। বিজ্ঞানও বলে, মানুষের উপর আর কিছু নাই। কবির কল্পনা ও বিজ্ঞানের জ্ঞান এক বিন্দুতে যেন মিলে মিশে গেছে। মানুষ তার জ্ঞান, বিদ্যা ও কর্মের দ্বারা জীব জগতে শ্রেষ্ঠত্ব অর্জন করেছে। এই মানুষ শব্দের মধ্যেই রয়েছে, মানুষের শ্রেষ্ঠত্বের নিদর্শন। 'মানুষ' শব্দটি 'মান' এবং 'হুঁশ' এই দুই শব্দাংশে গঠিত। 'হুঁশ' শব্দের অর্থ হল 'চৈতন্য'। প্রতিটি জীবের মধ্যেই চৈতন্য বিদ্যমান। আবার অধ্যাত্ম বিদ্যায় স্বীকৃত আছে যে, সমস্ত পদার্থের মধ্যেও চৈতন্য রয়েছে।

চণ্ডীর কথা "যা দেবী সর্বভূতেষু, চেতনেত্যভিধীয়তে"। বিজ্ঞান এতটা না এগোলেও, জীবের প্রাণ আছে একথা স্বীকৃত, প্রাণ আছে অর্থাৎ চৈতন্য আছে। শাস্ত্রে বলে, কয়েকটি বিষয়ের ক্ষেত্রে প্রতিটি জীবের চৈতন্য প্রায় সমান, যেমন- ক্ষুধা, নিদ্রা এবং বংশবিস্তার ইত্যাদি। এখন দেখতে হবে, মূলত ঐ তিন চেতনা থেকে আমরা কতখানি বেরিয়ে আসতে পারেছি।

একটু চিন্তা করলেই আমরা দেখতে পাই, বেশীর ভাগ মানুষ এই তিন চেতনার মধ্যেই ঘুরপাক খাচ্ছে। তবে আমরা শ্রেষ্ঠ জীব কী ভাবে? 'মান' বলে আরও একটি অংশ 'মানুষ' শব্দে রয়েছে। এই মান শব্দের অর্থ কী? মান শব্দের অর্থ হল- বিচারবোধ। অর্থাৎ ভালো-মন্দের বিচার করার দক্ষতা বা ক্ষমতা, যেটি একমাত্র মানুষের আছে। আমার এই গানগুলি ওই তিন চৈতন্য থেকে বেরিয়ে এসে 'আনন্দবাজারে' একটু ঘুরে আসার জন্য গায়ক ও পাঠকের হাতে তুলে দিতে চায়।

কৃতজ্ঞতার সাথে জানায় যে, ব্রহ্মচারী দুর্গা চৈতন্য, শ্রী অরূপ চৌধুরী, প্রীতম ভট্টাচার্য্য, মনোজ পাল, আশিষ মাহারা, প্রভাকর দাস, অমর, ও সুজিত- এদের সক্রিয় সাহায্যে আমার এই ক্ষুদ্র প্রকাশ সম্ভব হয়েছে। পরিশেষে হার্দিক শুভেচ্ছা জানায় নালন্দা বিশ্ববিদ্যালয়ের অধ্যাপক ডঃ বুদ্ধদেব ভট্টাচার্য্য-কে যিনি এই গ্রন্থ প্রকাশের সর্ব ভার বহন করেছেন।

বেহিরা
২৮ শে অক্টোবর, ২০২৩

বিনীত -
প্রভাত পাল

NAVA NALANDA MAHAVIHARA

(Deemed University, Ministry of Culture, Government of India)
Bhikshu Jagadish Kashyap Marg, Nalanda, Bihar, India

Ministry of Culture
Government of India

Dr. Buddhadev Bhattacharya
Associate Professor,
Department of Philosophy,
& Project Coordinator of MCC

A/6, Residential Complex,
Nava Nalanda Mahavihara,
Nalanda- 803111, Bihar, India
Mob.: +9905504667/ 9433868539
Email-buddhadevrf@gmail.com

অল্প-কথায়

সঙ্গীত সাধনার উপায়। বেদের সময় থেকে আজ পর্যন্ত সাধক-সাধিকা অনেকে সঙ্গীতকেই তাদের সাধনার মাধ্যম করে মনের আকুতিকে প্রকাশ করেছেন। নিজেকে ইষ্টের কাছে নিবেদন করেছেন সঙ্গীতের সাংকেতিক ভাষায়।

বাংলার আউল-বাউল সাধনা সঙ্গীতের উপর প্রতিষ্ঠিত। ভাষায় যা প্রকাশ করা যায় না, গানে তা সম্ভব। চর্যাপদের গান, বাংলার প্রাচীনতম সঙ্গীত সাধনার প্রমাণ। কবি জয়দেব, চণ্ডীদাস সঙ্গীতকেই সাধন মাধ্যম করেছেন। বৈষ্ণব কবিতা হল পদাবলী সঙ্গীত। রামপ্রসাদ, লালন ফকির সকলেই গানের দ্বারা সিদ্ধ। সঙ্গীত এঁদের মন্ত্র। গান, সাধকের এক স্বতঃস্ফূর্ত অভিব্যক্তি। গান ও নাচের তালে তালে বাউল তাঁর প্রকৃতির রঙে মন রাঙিয়ে মনের মানুষের খোঁজ করে। সাধকের গানে ব্যাকরণের বাধ্য-বাধকতা থাকে না, থাকে মনের মাধুরি ও প্রাণের আকুতি। জীবনের রহস্যকে জানার কৌতুহল। 'খাচার ভিতর অচিন পাখিকে' ধরার চেষ্টা। বাউলের গুরু নিত্যানন্দ। নিত্যানন্দ ও চৈতন্যদেবের বৈষ্ণব সাধনাও নাচ ও গান নির্ভর। সমগ্র বাঙালী সমাজ তাঁদের চেষ্টায় নতুন এক সাধনার ধারা পেল। গৌরুহরির, হরির সাধনায় এল ভক্তির প্লাবন। বৈষ্ণব সমাজ এই প্লাবনে ডুব দিল, শ্বাস নিল প্রাণ ভরে, আনন্দের সাগরে।

অন্য দিকে সাধক রামপ্রসাদ বলে উঠলেন- "ডুব দে রে মন কালী বলে..... এক ডুবে যাও কুলকুণ্ডলিনীর কূলে।" সাধক আনন্দের স্বাদ পান এই সংসারেই, তাই ডুব দিয়ে অতলতল থেকে রত্ন তুলে আনতে চান সকলের জন্য। সাধক কবি

রবীন্দ্রনাথও গেয়ে উঠলেন "কি শোনাব কি গাইব আজি এ আনন্দ ধামে।" গান গেয়ে কেবলই আনন্দ আর আনন্দ। ভারতীয় মরমীয়া সাধনায় সাধকের হৃদয়ে এখন চেতনার পূর্ণতা প্রাপ্তি ঘটেছে। তাই আর কোন কথা নয়। নিস্তব্ধতা, সাধকের মন আনন্দে ভরে গেল, সাধক-কবি বলে ওঠেন "আপন হতে বাহির হয়ে বাইরে দাঁড়া"। আপন হতে বাইরে এলেই সাধক 'পিণ্ডে ব্রহ্মাণ্ড' দর্শন করতে পারেন, বিশ্বরূপ।

দার্শনিক কবি রবীন্দ্রনাথও তাঁর রচনাই প্রেয়কে ত্যাগ করে শ্রেয়কে গ্রহণ করতে বলেছেন। তিনিও সহজ সরল ভঙ্গিমায় কবিতা ও গানে জীবন বন্ধন থেকে মুক্তির উপায় নির্দেশ করেছেন। তিনি বলেন গ্রাহ্য বিষয় হল- ব্রহ্ম, সত্য, প্রাণ, ধর্ম, ত্যাগ, যোগ, বিদ্যা, ভক্তি, শান্তি, মৈত্রী, প্রেম, কল্যাণ, মঙ্গল, পুণ্য, আনন্দ, নিবৃত্তি এবং মুক্তি। আর ত্যাজ্য বিষয়গুলি হল- মোহ, স্বার্থ, পাপ, দুঃখ, মায়া, মিথ্যা, বন্ধন, আবরণ, বাসনা, সংশয়, অবিদ্যা, কল্পনা প্রভৃতি।

গ্রামের এক সাধক কবির এই সঙ্গীতের বইটি পড়তে পড়তে দেখলাম তিনিও সহজ সরল ভঙ্গিমায়, মেঠো কথায়, কোনটি গ্রাহ্য আর কোনটি ত্যাজ্য তার বিচার করেছেন। চারন-কবি ও কবিয়ালেরাও যেভাবে স্বাভাবিক স্বতঃস্ফূর্ত ভাষায় গুরুগম্ভীর বিষয়কে গ্রাম্য সরল ভাষায় কবিতায় প্রকাশ করেন, প্রভাত পাল মহাশয়ও তেমনি তাঁর 'ধূলোর গান' গ্রন্থে বাউল, লোকগীত, মায়ের গান, বৈষ্ণব গীত প্রভৃতি অনায়াসে প্রকাশ করেছেন সঙ্গীত রচনার মাধ্যমে।

বিশ্বকবি রবি ঠাকুরের সহজ পাঠের প্রথম ভাগ ও দ্বিতীয় ভাগের কথা বার বার মনে হচ্ছে। ১৯৩০ সালে ৬৯ বছর বয়সে কবি, শিশুমনে দর্শন চেতনা গেঁথে দেবার চেষ্টা করলেন। প্রথম পাঠে লিখেছেন- 'আলো হয়, গেল ভয়। এখন মনে পড়ে যায় ভারতীয় দর্শনের তত্ত্বজ্ঞান ও মিথ্যাজ্ঞান প্রসঙ্গ। সত্যিই তো তত্ত্বজ্ঞান এলে মিথ্যাজ্ঞান আর থাকে না। আলো এলে অন্ধকার বা অবিদ্যা আপনে থেকেই দূর হয়ে যায়, তাকে আলাদা করে তাড়াতে হয় না। যখন তিনি লেখেন 'চুপ করে বসে ঘুম পায়। চলো ঘুরে আসি তখন গীতার কথা মনে পড়ে যায়, 'কর্মণা এব সংসিদ্ধিঃ'। এ ঘোরা ভবঘুরের ঘোরা নয়। তাই কবি বলেছেন- "ফুল তুলে আনি। এই বিশ্বের পূজা-প্রাঙ্গণে পুষ্প চয়নই তো সকল জীবনের ব্রত। শিশুমনে বিজ্ঞান জিজ্ঞাসা ও জগতের রহস্যকে জানতে আগ্রহী করবার জন্য প্রশ্ন তুলেছেন-

কাল ছিল ডাল খালি

আজ ফুলে যায় ভ'রে।

বল্ দেখি তুই মালী

হয় সে কেমন ক'রে।

মালী এর উত্তর দিতে পারে কি ? মালীর বাবা ? উত্তর দেবে ভবিস্যতের গবেষক, বিজ্ঞানী ও সাধকেরা। 'মানুষের আত্মাকে তার প্রচ্ছন্নতা থেকে মুক্তি দেবার জন্য' কবির নিরলস প্রচেষ্টা লক্ষ্য করা যায় তার কবিতা ও গানে। কবি জানতেন, 'ভারতের ধনসম্পদ নেই, কিন্তু তার সাধন সম্পদ আছে (শিক্ষা, আশ্বিন ১৩২৮)। সঙ্গীত শিল্পী প্রভাত পালের 'ধূলোর গান' বইয়ের মধ্যেও লক্ষ্য করা যায় যে তিনি কোন প্রথাসিদ্ধ সাধক বা দার্শনিক না হয়েও কবির সরল বাগভঙ্গি ও ছন্দোবদ্ধ রচনা প্রবাহের মধ্যে দুঃখ-দীর্ণ, কোলাহলপূর্ণ জীবনের অন্তঃস্থল থেকে উৎসারিত আনন্দময় চেতনার উপলব্ধি তাকেও স্পর্শ করে স্বাভাবিক ভাবেই। ভৌতিক জগতের রূপ, রস, গন্ধ, স্পর্শের চেতনা অলৌকিক আনন্দের জগতে নিয়ে যায় তাকে।

তাই, সবদিক বিবেচনা করে বলা যায়, লেখকের স্বভাবসিদ্ধ লেখার গুণে কেবল সঙ্গীত শিল্পী নন, আধ্যাত্মিক জগতের মানুষ জনেরাও এই গানের প্রতি আকৃষ্ট না হয়ে পারবেন না। বিভিন্ন স্বাদের গান আছে, আছে কবির পরিশ্রম, নিষ্ঠা ও কর্মকুশলতা। আমার বিশ্বাস একদিন নিশ্চয় তাঁর গান শিল্পীর মুখে মুখে, লোকের গুঞ্জনে মুখরিত হয়ে উঠবে। আধ্যাত্মিক দৃষ্টিভঙ্গী ও সুখপাঠ্য এই রচনার জন্য সাধুবাদ তাঁর প্রাপ্য।

মকর সংক্রান্তি

১৪-০১-২০২৪

বিনীত

বুদ্ধদেব ভট্টাচার্য

অধ্যাপক, নালন্দা।

ধূলোর গান

গান সংখ্যা	পৃষ্ঠা সংখ্যা

নং- ১ প্রভু গৌড় চন্দ্র, দাও নিত্যছন্দ, পাই যেন আনন্দ, ... ১

নং- ২ হে মাধবানন্দ শ্রীগুরু, দীন জনের কল্প তরু, ... ২

নং- ৩ খুব ধারে চলেছি আমি, বেতাল হওয়া যাবে না, ... ৩

নং- ৪ চাষের জমি একটু খানি, গুরু গো চাষ করিতে পারলেম না, ... ৩

নং- ৫ ও মাঝি, তুফান আজি, বাহিবে কী তোমার নাও ৪

নং- ৬ কৃষ্ণ কালী ভিন্ন ভিন্ন, ওযে এমন তত্ত্ব কয় না, ... ৫

নং- ৭ করি মানা দিন কানা, কু-পথে তুই চলিস না, ... ৬

নং- ৮ আমি পাল তুলেছি ঝড় তুফানে পাড়ি দেব পারাবার, ... ৭

নং- ৯ গুরু বিনে তিলক মাটি কিনে, প্রেম জাগে কী ভক্ত প্রাণে, ... ৭

নং- ১০ জীবন টা তোর নদী নয়রে, এঁকে বেঁকে চলবে, ... ৮

নং- ১১ ভিড়ে ঠাসা ভবের বাসা, কীসের আশা কর মন, ... ৯

নং- ১২ গোড়াই গলদ ওরে পাগলা ঘড় দাড়াবে কার জোরে, ... ১০

নং- ১৩ তিন দিনের জোয়ার, নারী দেয় উপহার ১১

নং- ১৪ আগে বেড়া দে তুই, সাধের জমি, চারা লাগা যতন করে, ... ১২

নং- ১৫ হেচাকের তেল তলে পড়ে, উপরে জ্বলে মেন্টেল, ... ১৩

নং- ১৬ কলে মেরেছে দম চলি হরদম, তার ঠিক ঠিকানা নাই, ... ১৩

নং- ১৭ আত্ম তত্ত্ব যে জেনেছে, মরণের তার কিসের ভয়, ... ১৪

নং - ১৮ এঁকে বেঁকে নদী বহে, উঁচু হতে নিম্নে ১৫

নং- ১৯ এ এক আজব কথা মজার বার্তা গায়ে রটেছে ১৬

নং- ২০ যে দিন ভবে আইলা, সুন্দর একখান ঘড় পাইলা৷ 17

নং- ২১ দেহের যন্ত্রগুলো অচল হলো, সারাই কেমনে, ... 17

নং- ২২ সহজ তো নয় সহজিয়া বাউল সাধনা, ... 18

নং- ২৩ ঘরের ভিতর কী কল আছে, চলছেরে ধুক ধুক 19

নং- ২৪ দারোগাবাবু রফা বোঝে না, কর্ম করার আগে এসে করে সে মানা 20

নং- ২৫ ঘরের তলা যাই না বলা, দুই চলা সমান, ... 20

নং- ২৬ যা আছে কপালে ফলিবে গো পলে পলে, ... 21

নং- ২৭ এক তারেতে সুর বাঁধি, গাই পথে প্রাণের গান,.................. 22

নং- ২৮ এত কেন আশা, কী আছে ভরসা, তোর জীবনের আয়ু সহস্র হবে না৷..... 23

নং- ২৯ এ কিসের টান, যাই বুঝি মান, নারি রূপের ফাঁদ সামাল সামাল,.......... 23

নং- ৩০ হে রামকৃষ্ণ নাশ কর ভব বিঘ্ন, ধরাই মোর জন্ম বৃথা নাহি যাই, ... 24

নং- ৩১ যে দিন আসিবে শমন, ভয় পেয় না, তারে কর আলিঙ্গন 25

নং- ৩২ সাইরাম সাইরাম৷৷.................. 26

নং- ৩৩ দেনার দায়ে বিকাল চুল, নিলিরে তুই যা নেবার.................. 27

নং- ৩৪ সর্বভূতে বিরাজিছো তুমি ভগবান, ... 27

নং- ৩৫ মন্দিরেতে পূজা দিলেম, নমি চরণ ভগবান, ... 28

নং- ৩৬ ভবে তোমার আসা যাওয়া, শেষ হবে না, ফুরালে নিদান................. 29

নং- ৩৭ তোর সাধের জীবন গুঁয়ালী-রে মন,.................. 29

নং- ৩৮ বোবাই কী কই কথা, কানা দেখে সূর্য উঠা, ... 30

নং- ৩৯ সুখের লাগি ঘর বানালি, দুঃখ নিল বাঁসা,.................. 31

নং- 40 নবোদিত সূর্য বলছে আমাই, ... 32

নং- 41 আঁধার ঘরে একলা বসে, কাঁদিস কেন মন পাগল, ... 32

নং- ৪২ সাঁঝ বাতিটা জ্বালায়ে ঘরে, কাঁদো কোন বেদনাই, ... ৩৩

নং- ৪৩ এই এলো ঝড় মাঝ গাঙ্গে, সামাল তরি সামাল, ... ৩৪

নং- ৪৪ ডাঙ্গাই কীরে চলে ডিঙ্গা সাগর জলে হাঁটা, ... ৩৪

নং- ৪৫ মনরে মন কথা বলি শোন, জীবন যৌবন ভবে অমূল্য রতন॥ ৩৫

নং- ৪৬ কাঙ্গাল আমি তোমার লাগি, ওগো দয়াময়, ... ৩৬

নং- ৪৭ বসন রাঙালি যদি, কেন মন রাঙালি না................... ৩৬

নং- ৪৮ রূপ সাগরে ডুবে দে রে মন, পাবি রতন মনের মতন, ... ৩৭

নং- ৪৯ মন কলি কাল বড়ই জঞ্জাল, অধর্মের তাল, ... ৩৮

নং- ৫০ ভবের হাটে সংসার মাঝে, ঝড় তুফান তরবিরে মন, ... ৩৯

নং- ৫১ বর্ষার সঙ্গী মাথার ছাতা, শীতে ভারি কাঁথা, ... ৪০

নং- ৫২ যৌবনে পাপ করে বৃদ্ধ বয়সে ধর্মে মন, ... ৪১

নং- ৫৩ সংসারে সং ভুলে করিস যদি বাস, ... ৪১

নং- ৫৪ ষোল নাম বত্রিশ অক্ষর, হরিনাম মহামন্ত্র কয় ৪২

নং- ৫৫ গোলমাল বেঁধেছে নদীয়ায়, তোরা দেখবি যদি আয়, ... ৪৩

নং- ৫৬ মেঘ তুমি যাও না সেথাই, কালা চাঁদের কাছে, ... ৪৪

নং- ৫৭ রাধা রানী গোপ নারী কৃষ্ণের প্রাণ, ... ৪৪

নং- ৫৮ খোলের তালে হরি বলে নেচে নেচে কে যায় রে চলে ৪৫

নং- ৫৯ রাধে রাধে বলে, জীবন পথে চলে, ... ৪৬

নং- ৬০ হে মধুসূদন, বিপদ 'ভঞ্জন, ব্রজের নয়ন মনি যশদা দুলাল, ... ৪৭

নং- ৬১ শ্যাম অঙ্গে ত্রি-ভঙ্গে, বাঁশি বাজাই কে, ... ৪৮

নং- ৬২ সে যে প্রেম ভিখারী ভক্তের হরি, ... ৪৯

নং- ৬৩ ও দাদা বলি গো তোরে, তোর বউ পিরিত করে কেলে রাখালে........... ৫০

নং- ৬৪ হেরবি যদি সেই কালারে আই গো তোরা নদীয়াই, ... 50

নং-৬৫ বলরে মুখে মধুর হরিনাম হেরিবি যদি সেই ব্রজধাম।। 51

নং- ৬৬ অষ্ট অঙ্গে কাটি তিলক, হাতে জপের মালা, ... 52

নং- ৬৭ সন্ধ্যা হল ও বিশাখে, কৃষ্ণ এল কই, ... 52

নং- ৬৮ আয় আয় দেখবি আয়, বৃন্দাবনে কে বাঁশি বাজাই, ... 53

নং- ৬৯ হরিনাম ছাড়া আর কী বা আছে, এই ভবের মাঝে, ... 54

নং- ৭০ করজুরি কে পুকারে এস হরি এস বলে, ... 54

নং- ৭১ ও বাঁশের বাঁশি রে, বাজিস নে আর কদম তলিতে।। 55

নং- ৭২ ডাকলে তারে জ্বালা ধরে, জ্বালা সহ্য করা বড় দাই, ... 56

নং-৭৩ ননদী ও ননদী ধরি দুটি পায়, ... 56

নং- ৭৪ লাগাম দে তুই রসনাতে, বাসনাতে দে বিরাম, ... 57

নং- ৭৫ খেলা কী হবে না সখি, হরির সাথে হরি, ... 58

নং- ৭৬ ও কে যায়, নবীন সন্ন্যাসী তোরা দেখে যা গোড়াই, ... 59

নং-৭৭ নারী যে অবলা সই গো, বলা হল কই, ... 59

নং- ৭৮ আজি রথের রসি টানবি যদি, আয় চলে আয় নিলাচল, ... 60

নং- ৭৯ আমি খুঁজে বেড়াই দয়াল তোমাই, কোথাই তোমার বাস, ... 61

নং- ৮০ হরি নামের বান ডেকেছে, সাধের নগর নদীয়ায়, ... 61

নং- ৮১ বৃন্দাবন গোপি, ভক্তি ভাব মতি, নাই কাম প্রতি, প্রেম অনুরাগ, ... 62

নং- ৮২ ভাগ্যে বিধির লেখা, খণ্ডাইবে কেবা, কৃষ্ণের পিতা দেখ বন্দী কারাগার।। . 63

নং- ৮৩ রসে ভরা নিতাই গোরা, নেচে নেচে যায়, ... 64

নং- ৮৪ এলোরে এলোরে প্রেমের, ব্রজের কানাই.......... 64

নং- ৮৫ এ কেমন বোল, হরি বোল হরি বোল.......... 65

নং- ৮৬ কৃষ্ণ প্রাণ কৃষ্ণ ধন, কৃষ্ণ আমার গলার মালা, ... 66

নং- ৮৭ কী অপরাধে অপরাধী আমি, হরি হে তুমি গেলে ছাড়ি 67

নং- ৮৮ সহজ পথ দেখাই গোরা, দূত যাবি সঙ্গ পাবি,...................... 67

নং- ৮৯ সরল না হলে ক্ষেপা হরিমেলে না,...................... 68

নং- ৯০ কয় জন পাগল মিলে গোল করে, মাতালো গো নদীয়া, ... 69

নং- ৯১ বল, কে পড়ালো মায়ের গলে জবা ফুলের মালা।...................... 70

নং- ৯২ প্রাণ ভরে গাইবো শুধু কালী কালী নাম, ... 71

নং- ৯৩ দুর্গা দুর্গা দুর্গা নামে, দুর্গতি যায় দূরে, ... 71

নং- ৯৪ মাগো কালো বলে ভোলা তোরে, দিয়েছে কী গালি, ... 72

নং- ৯৫ মা গো, কালো হলেও ভালবাসি, ভুবন মহিনী, ... 73

নং- ৯৬ অন্ধকার নাশিনী ব্রহ্মবিদ্যা স্বরূপিনী চিদানন্দ ময়ী শ্যামা মাগো আমার, 73

নং- ৯৭ মা শব্দ মধুর এমন, বুক ভরা হৃদয়ের ধন...................... 74

নং- ৯৮ (জয় জয় মা দূর্গা)...................... 75

নং- ৯৯ সন্ধি পূজা আই দেখে যা, বেদ মন্ত্র উঠে ধ্বনি...................... 76

নং- ১০০ কালী ঘাটে নাইরে কালী, দক্ষিণেশ্বরে ভবানী,...................... 77

নং- ১০১ এ কেমন বিচার শ্যামা বোঝা বড় দায়, ... 77

নং- ১০২ ছিঃ ছিঃ শ্যামা চোখ কি নাই, করলি একি কর্মটাই, ... 78

নং- ১০৩ মা যে আমার অবুঝ মেয়ে, বোঝাই সাধ্য কার, ... 79

নং- ১০৪ দেখ রে চেয়ে কে দাঁড়ায়ে, অপরূপ এই যে মেয়ে, ... 79

নং- ১০৫ সাধলি কীরে ওরে পাখি, কালী কালী দুর্গা তারা...................... 80

নং- ১০৬ কী নিবি আর মা শ্যামা, পড়বি কত গহনা, ... 81

নং- ১০৭ মা গো তোমার মন্দিরে আজ প্রেমিকের মেলা,...................... 81

নং- ১০৮ চরণ তোমার দাও মা ছুতে, অদ্ভুত আমি নয় মা-তারা, ... ৮২

নং- ১০৯ মা গো আমার দুটি নয়ন, খোঁজে শ্যামের চরণ তল, ... ৮৩

নং- ১১০ বল মা শ্যামা বল, করিস নে তুই ছল. ৮৩

নং- ১১১ মা গো তোমার চরণ তলে সপিলাম দুই নয়ন তারা, ... ৮৪

নং- ১১২ আমি সব ছেড়েছি তারি লাগি ছারিনে তোর রাঙা চরণ, ... ৮৫

নং- ১১৩ কে তোরে মা সাজালো বল হিসাব কষে রূপ ঢেকে, ... ৮৫

নং- ১১৪ মা-কে ডাক রে মন ঘরে বসে, কত আর ঘুরবি পাকে ৮৬

নং- ১১৫ কে দিল মা রক্তজবা, তোর রাঙ্গা পদ তলে, ... ৮৭

নং- ১১৬ রাঙিয়েছি মন রাঙা জবায়, দেব আমি মা'র পায়, ... ৮৭

নং- ১১৭ আত্ম নিবেদন করেছি রে মন, শ্যামা পদ ধন আকাঙ্ক্ষায়, ... ৮৮

নং- ১১৮ বিপত্তারিনী উমা ঠাকুরানী, থাকিবে তুমি, কই দিন ধরাই, ... ৮৯

নং- ১১৯ শব্দে উঠুক ধ্বনি শুনাও অভয়বানী, ... ৯০

নং- ১২০ কে তোরে মা দেখল বল, দেয় গো-রূপের বর্ণনা, ... ৯০

নং- ১২১ কী অপরাধে অপরাধী আমি, হরি হে তুমি গেলে ছাড়ি ৯১

নং- ১২২ তুই যদি মা ছেলে হতিস, বুঝতিস ছেলের কী বেদনা, ... ৯২

নং- ১২৩ আমার পথ হল সম্বল, ... ৯৩

নং- ১২৪ সর্বভূতে চেতন রূপে, যিনি প্রকাশিতা, ... ৯৩

নং- ১২৫ মা মেনকা, কেমন তোমার জামাই ব্যাটা, ... ৯৪

নং- ১২৬ আমার ভোলা বাবা মাথায় জটা শ্মশানে তে মারে দম, ... ৯৫

নং- ১২৭ শিব সঙ্গে অঙ্গে অঙ্গে সুখ মগ্ন সর্বক্ষণ, ... ৯৫

নং- ১২৮ ছুটির ঘন্টা বাজল রে তোর, ঢং ঢং ঢং, চাটাই তোলে মিছে ৯৬

নং- ১২৯ ও দারোয়ান ভাই, ধীরে ধীরে চালাও গাড়ি পরান বুঝি যায়, ... ৯৭

নং- ১৩০ ওগো ফুল মালি কেন তুমি গেলে চলি, এ ফুল কানন ছাড়ি 98

নং- ১৩১ ছাড়তে হবে এই পৃথিবী মনে বড় ক্লেশ, ... 98

নং- ১৩২ কেন রে তোর চোখের কোনাই, বিন্দু বিন্দু জল,.......................... 99

নং- ১৩৩ স্ত্রী- ও কাঠুরিয়া, তুমি যাবা কোন বনে, আমায় নিয়া যাবা না,......... 100

নং- ১৩৪ ও পুটির মা, তুমি বাজার যাবা না, তোমার জন্য কিনা দিমু............. 101

নং- ১৩৫ পুং- ছিঃ, ছিঃ, ছিঃ, তুমি দেখতে বিশ্রী, ... 101

নং- ১৩৬ ও পচার মা খ্যেতি চলো না, ... 102

নং- ১৩৭ বাজার যায় কেনা দাই, দামে আগুন লেগেছে 103

নং- ১৩৮ তাই-রে নাই-রে নাই-রে তাই-রে, বলব কী আর ভাই বে, ... 104

নং- ১৩৯ তেপান্তরের মাঠ পেরিয়ে, রাজ কন্যার বাড়ী,.......................... 105

নং- ১৪০ যাবি আয় পায়ে পায়, মূর্শিদেরী গায়, ... 106

নং- ১ প্রভু গৌড় চন্দ্র, দাও নিত্যছন্দ, পাই যেন আনন্দ,

প্রভু গৌড় চন্দ্র, দাও নিত্যছন্দ, পাই যেন আনন্দ,

গেয়ে তোমার নাম,

প্রণাম তোমাই প্রভু, আনন্দ ঘন শ্যাম।।

সচিমা'র কোলে এলে, নবদ্বীপ আলো করে,

জগৎ মাতালে তুমি, গেয়ে হরি নাম,

হরিবোল হরিবোল নিত্যানন্দের মধুর বোল

দুই ভাই মিলে গায় হরে কৃষ্ণ নাম।।

হরিনামে হয়ে পাগল, সচিমা'র ছাড়ি কোল,

সন্ন্যাস নিতে গোরা এলেন কাটোয়ায়।

মুড়ায়ে চাচর কেশ, সন্ন্যাসী ধরেন বেশ,

না মানে কোন ক্লেশ, গায় ব্রহ্ম নাম

ধূলোক্ষেপ্যা বলে হায়, ডাকিব গোরাই,

মুখে শুধু বড়াই, কোন কাজে নাই,

প্রভু তুমি আমায়, করো গো ক্ষমা,

নয়ন ঝরে যেন, লয়ে তোমার নাম।।

প্রভাত পাল

নং- ২ হে মাধবানন্দ শ্রীগুরু, দীন জনের কল্প তরু,

হে মাধবানন্দ শ্রীগুরু, দীন জনের কল্প তরু,

প্রেম ভক্তি তরু, হৃদয় মূলে দাও।

পতিত পাবন তুমি গুরু, প্রণাম নাও।

অজ্ঞান অন্ধকারে পতিত সে জন,

প্রেমের প্রদীপ জ্বালি, উজালে জীবন।

আশা হত মনে এল প্রত্যাশা।

হৃদয় মন্দিরে, তুমি দ্বীপ জ্বেলে দাও।।

ক্ষণেকের ভুলে যদি, তোমাই বিস্মরি ক্ষমা করে দিও প্রভু,

কারি নিওনা তরী, জীবনের খেয়া ঘাটে তুমি সম্বল,

রাঙা চরণ তরী কূলে ভেরাও।।

মূর্ব ধূলোক্ষ্ক্যেপা কিছুই বোঝেনা,

সকল অপরাধ তুমি করিও ক্ষমা,

প্রেম ভক্তি পূজা নাজানি কিছু, অবোধ ভক্তে তুমি

পদ তলে নাও।।

ধূলোর গান

নং- ৩ খুব ধারে চলেছি আমি, বেতাল হওয়া যাবে না,

খুব ধারে চলেছি আমি, বেতাল হওয়া যাবে না,

বেতাল হলে কেটে যাবে, সংসার সুখ পাবে না।।

সংকে সার করি রে মন, দিবা নিশি করিস যাপন,

মিছা মিছি ঘুরি ভবে, মনের নানা বাসনা।

তাল রাখেন সেই যে গুরু, তার যপমন্ত্র কররে শুরু

দিনে দিনে বাড়বে রে তাল, বেতাল তুমি রবে না।

গুরু চরণ বন্দনা করি, সংসারেতে ঘুরি ফিরি,

ধূলোক্ষ্ক্যেপার লাটায়ের ঘুরি, আসবে ফিরি,

অন্য কোথাও যাবে না।।

নং- ৪ চাষের জমি একটু খানি, গুরু গো চাষ

করিতে পারলেম না,

চাষের জমি একটু খানি, গুরু গো চাষ করিতে পারলেম না,

জমি আবাদ করতে গিয়ে, বিপদ বাড়ে ষোলো আনা

শুষ্ক জমি সাতাশ দিন, লাঙ্গল ৰাগে আসে না,

প্রভাত পাল

তিন দিনের জল অথৈ, সাঁতার জানিনা

শঙ্কা বাড়ে ছয় গরু, টানে লাঙ্গল খানা।।

দেহ জমি একটু খানি চাষ শিখি নাই,

চাষ করতে গিয়ে গোলাই কমতি হয়ে যায়।

বিয়োগ চাষ করতে গিয়ে, চাষির যায় জামানা।।

চাষ যদি করতে চাও, গুরুর কাছে বসো,

চাষ করা বেজাই কষ্ট, ধৈর্য্য ধরে শিখ,

ধূলোক্ষ্যেপা বলে ভেবে, চাষে খেন্ত দাও না।

নং- ৫ *ও মাঝি, তুফান আজি, বাহিবে কী তোমার নাও*

ও মাঝি, তুফান আজি, বাহিবে কী তোমার নাও

অথই জলে পইরা তুমি, হাবুডুবু খাও।।

আঁধার কালো মেঘ দেইখা, বাইলা কেন হাল,

ভাল বাসার মানুষটা তোমার, পুড়ল যে কপাল,

এখন তুমি গুরুস্মরি, বাগাও তোমার জীর্ন তরী,

ধীরে ধীরে রী পারে নাও, লয়ে যাও।।

ধূলোর গান

নদে আছে হাঙ্গর কুমির, নামবে যদি জলে,

তড়িৎ বেগে ধেয়ে আসবে, খাবার পাবে বলে,

এমন ভুল করনাগো, যদি তুমি বাঁচতে চাও।।

মাঝি মল্লার নদী বোঝে, ধীরে ধীরে রাস্তা খোঁজে

ধূলোক্ষেপ্যার কী হবে তোর সাঁতার ভূইল্যা যাও।।

নং- ৬ *কৃষ্ণ কালী ভিন্ন ভিন্ন, ওযে এমন তত্ত্ব কয় না,*

কৃষ্ণ কালী ভিন্ন ভিন্ন, ওযে এমন তত্ত্ব কয় না,

মনকে চোখ ঠেরে তুমি, বিজ্ঞ হতে চেও না।।

একমেব অদ্বিতীয়ম্ চতুর বেদ কয় অখণ্ড মণ্ডলা কারং,

গুরুর প্রণাম কী কর নাই, তবে কেন কী কারণে, ভীন্নতা দেখাও,

অবুঝ মনের জ্বালা জুড়াতে ঝুকি নিও না।।

শাস্ত্র অনেক বহুবিধ পাহাড় প্রমাণ প্রায়।

দুই একটা শাস্ত্র পড়ে, আমরা বিজ্ঞ হয়ে যায়।

কলশি ফাঁকা থাকলে দেখ, আওয়াজ বেশি শুনাই,

পূর্ণ কলশি কখনো গো আওয়াজ করে না।

প্রভাত পাল

সাধক যে জন সত্য সেজন, ধূলোক্ষ্যেপা কয়,

মিছা মিছি বলে দেওয়া, উচিত কর্ম নয়,

মনে মনে মন্থন করে, বিধি খুঁজে নাওনা।।

নং- ৭ করি মানা দিন কানা, কু-পথে তুই চলিস না,

করি মানা দিন কানা, কু-পথে তুই চলিস না,

গজচাই পরে ভাঙ্গবে পা রে, নিবি তখন বিছানা।।

গুরু দেন পথের দিশা, পথ ধরে তুই এগিয়ে যা,

সাগর পাহাড় পেরিয়ে যাবি, চরণ ধরি ছাড়িস না।।

কু-কর্ম মন দিলি যখন, দেখলি তুই দিবা স্বপন,

রাজা হয়ে রাজ্য শাসন, করলি কুমন্ত্রণা।।

ধূলোক্ষ্যেপা একটু আশা, পথে গুরু দেবেন দেখা

যাত্রা হোক যতই বাধা, চরণ ছাড়া রইব না।

নং- ৮ *আমি পাল তুলেছি ঝড় তুফানে পাড়ি দেব পারাবার,*

আমি পাল তুলেছি ঝড় তুফানে পাড়ি দেব পারাবার,

উথাল-পাতাল সাগর জলে, ভরসা তুমি হে দয়াল।।

জন্ম হতে বয়ছি ভেলা, ভব সাগরে একেলা,

ওগো দয়াল আমি কাঙ্গাল, দয়াকর এই বেলা,

তুমি ছাড়া গতি হারা, বৃথাই কাটে কাল।।

দিনে রাতে বাঁশি হাতে, ঈশারাতে আমায় ডাকে,

জুড়ি নাই এই ভবে, আমি টানি নায়ের পাল।।

ধূলোক্ষেপা যাসনা একা তুফান বড় ভারী

গুরু নাম সঙ্গে নিগে উত্তরে যাবি তরী

গুরু বিনে দিক চিনে, কেমনে রাখি তাল।।

নং- ৯ *গুরু বিনে তিলক মাটি কিনে, প্রেম জাগে কী ভক্ত*
প্রাণে,

গুরু বিনে তিলক মাটি কিনে, প্রেম জাগে কী ভক্ত প্রাণে,

যতই করি অর্চনা (ওগো) দেব মন্দির প্রাঙ্গণে।।

প্রভাত পাল

যে গৃহে দেবতা নাই, সেই গৃহ কী দেবালয় কয়,

গৃহ তোমার যতই ঝলকাই, প্রেমিক কী যাই তার টানে।।

বৃক্ষের বীজ মাটিতে পরিলে, হয় না বৃক্ষ জল না সেচিলে

গজান বীজ বেড়া না দিলে, পশুতে তা খায় টেনে।।

ধূলোক্ষেপ্যা শুনরে কথা, গুরুর কাছে এক্ষুনি যা,

সদাশুদ্ধ মন চেয়ে নেগা,

নইলে ভীমরী খাবি বসলে ধ্যানে।।

নং- ১০ জীবন টা তোর নদী নয়রে, এঁকে বেঁকে চলবে,

জীবন টা তোর নদী নয়রে, এঁকে বেঁকে চলবে,

চলার পথ ঠিক করে নে, গুরুর চরণ ধরগে।।

জন্ম নিলে মাতৃ গর্ভে, বাক্য করি বিনিময়

বলে ছিলে ভজব হরি, ধরাই দাও আশ্রয়,

ভূলে গেলি মোহ ঘোরে, ভুমির মাটি ছুতে।।

ন্যায্য তোর মানব জন্ম কর্ম ফলে পাও,

চুরাশি লক্ষ জন্মভূমি,

ধূলোর গান

উর্দ্ধ ক্রমে আগাও,

লক্ষ এখন ভ্রষ্ট করি, কেন চলো নিম্ন মার্গে।।

ধূলোক্ষেপা গুরুর কথা, ত্যাজনা গো আর,

সুদূর তোমার পথ চলা, ধৈর্য্য ধর বার বার,

স্মরণ নিগে মাতৃ পদে, যাবি তুই স্বর্গে।।

নং- ১১ *ভিড়ে ঠাসা ভবের বাসা, কীসের আশা কর মন,*

ভিড়ে ঠাসা ভবের বাসা, কীসের আশা কর মন,

দো-নায়ে চরে তরে, ঘুরতে চাও সাগর সঙ্গম।।

ভবে এসে কু-স্বভাবে দিন গুলি তোর বৃথাই কাটে,

ভিড় ঠেলা ভবের মাঝে, চাইবি কারে পরম ধন।।

মনটারে তোর দোনা মোনা, করলি কেন ভাব কানা,

হারিয়ে যাবার নাই ভাবনা, ধরগে কষে গুরুর চরণ।।

ধূলোক্ষেপা গুরুর পদে, মন দিয়েছে সময় হতে,

হারিয়ে গেলেই লাটাই হাতে, সুতোই করে আকর্ষণ।।

নং- ১২ *গোড়াই গলদ ওরে পাগলা ঘড় দাড়াবে কার জোরে,*

গোড়াই গলদ ওরে পাগলা ঘড় দাড়াবে কার জোরে,

আগে জ্ঞান ব্রহ্মচর্য্য সংসার গড় পরে।।

শিশু কালে পাঠ নিতে যাওনা গুরুর কাছ

সেথা হতে শিখে নিও ভীত গড়ার কাজ

গুরু তোমাই বলে দিবেন জীবন যাবে তরে।।

পুরাকালে ছিল জীবন, চতুর ধাপে গড়া,

যৌবন হতে বৃদ্ধকাল, ছন্দে ছিল ভরা,

মান্য দিত গুরুর কথা, উঠত জীবন গড়ে।।

ধূলোক্ষ্যেপা জন্ম নিল, ঘোর কলি কালে,

সমাজ গঠন নাইরে যতন, মানুষ পশুর আচার করে,

রইত যদি পুরাণ কথা, মানুষ থাকত মানুষের তরে।।

ধূলোর গান

নং- ১৩ তিন দিনের জোয়ার, নারী দেয় উপহার

তিন দিনের জোয়ার, নারী দেয় উপহার

দম ধরে ডুব দিয়ে, তুলে নাও বিন্দু তোমার।।

ইরা, পিঙ্গলা, বোধে, ডুব দাও ওই নদীতে,

জেনে নাও কী গতীতে, দেহের শ্বাস বহে তোমার।।

কাম বীজ জপেনাও, ধনু অঙ্গে পূজা দাও,

নিষ্কাম হয়ে নাও, নইলে বিপদ হবে সার।।

নরক বা স্বর্গদ্বার, জেনে রেখ নাড়িই তোমার,

চৌদ্দ নাড়ির খেলা চলে, দেহ তাদের অধিকার।।

যম, নিয়ম প্রাণায়মে, সেধে নাও সাধক এখন

নইলে হবে শরীর পতন, এই নদীর গর্ভে উজার।।

ধূলোক্ষ্যেপা খেলাই মন, খেল না সর্বক্ষণ,

নরক যে এগিয়ে এল, বিপদ তোমার বাড়ল এখন,

গুরুর কাছে তড়িযাও পায়ে ধরে শিখে নাও,

যেন তোমার শির মাঝার, পিতৃ ধন রই সেবার।।

নং- ১৪ *আগে বেড়া দে তুই, সাধের জমি, চারা লাগা যতন করে,*

আগে বেড়া দে তুই, সাধের জমি, চারা লাগা যতন করে,

নইলে, খাটাই হবে বৃথা রে তোর, ফসল নেবে চোরে।।

দেহ জমি চাষ করবি, গুরুর কাছে যা,

বেড়া দেবার কৌশল টা তুই, বুঝে আগে নে গা, নইলে

ক্ষেতের ফসল যাবে ক্ষতে, আগাছায় রবে ভরে।।

লোভে লোভে চাষ করিলি, ফসল নিতে বেশি,

ফসল নিতে গিয়ে দেখি, ঋণি হয়ে গেছি,

এখন কী করি গো, কোথায় যাই লুকাই কার ঘরে।।

ধূলো বলে চাষি তো নয়, ক্ষেত সুখের কাম নাই,

সুখ পেতে গিয়ে চাষি, দুঃখ শুধুই পাই, মনের দুঃখ কারে কব, জীবন নদীর চরে।।

ধূলোর গান

নং- ১৫ হেচাকের তেল তলে পড়ে, উপরে জ্বলে মেন্টেল,

হেচাকের তেল তলে পড়ে, উপরে জ্বলে মেন্টেল,

আজব এক আলোর বাতি, জ্বেলে রাতি দেখাই খেলা।

ঠিলে ঠিলে বাতাস ভরে, নল দিয়ে তেল উপরে তোলে,

তেল মেন্টলে পোড়ে, উজ্বলা পাই বিশ্ব নিখিল।।

ব্রহ্ম বিন্দু মাথার পরে, রতি স্পর্শ নিম্নে ঝরে,

শ্বাস প্রশ্বাসের জোরে, উর্ধ্বে উঠা মানব তেল।

জ্ঞান চক্ষু যাবে খুলে, আলোয় আলোয় ঝলমলিয়ে

বাতি নয়নে কোটি সূর্য, জীব আকাশে উদ্বেল

ধূলোক্ষ্যেপা নয়ন মুজে, নাম জপে আলোর খোঁজে,

একদিন নয় যুগে যুগে, জপলে পাবি আলোর মেল।

নং- ১৬ কলে মেরেছে দম চলি হরদম, তার ঠিক ঠিকানা নাই,

কলে মেরেছে দম চলি হরদম, তার ঠিক ঠিকানা নাই,

পুতুল নাচ নাচাই আমায়, কে ধরে সুঁতায়।।

প্রভাত পাল

দেখতে আমি পাইনা তারে, ভাবি মনে তাই

আমিও চলি, আমি বলি, আমিই গান গাই,

আমায় আবার কে চালাই গো, আমিই যে সবটাই।।

তিন বেলা কিম্বা সন্ধ্যা, যখনি বল ভাই,

আমার উপর খবর দাড়ি, করার কেউ যে নাই,

মিছেই যারা ভাবনা করে, মূর্খ যে তারাই।।

ধূলো বলে কেমন খ্যাপা, আসল বোঝে না

সঠিক বললে বলে ওয়ে, আকাশ কল্পনা,

মন তাদের মনহরা, মাটির ঢেলাটাই।।

নং- ১৭ আত্ম তত্ত্ব যে জেনেছে, মরণের তার কিসের ভয়,

আত্ম তত্ত্ব যে জেনেছে, মরণের তার কিসের ভয়,

দেহ পুরে ছাই হবে রে, আত্মার মরণ কভু নাহি হয়।।

পঞ্চ ভূতের দেহ খানি, ক্ষিতি, অপ, তেজ, মরুৎ, ব্যোম্ মানি,

ফিরি যাবে দেহ খানি,

ভূতেই সব হয়রে লয়।।

14

কলের গান

(যখন) অচল হবে দেহ খানি, সেটা লয়ে করবে কী তুমি,

ত্যাগ কর দেহের মায়া খানি, নুতন রূপে পাবে নিশ্চয়,

ধূলোক্ষ্যেপার দেহ খান, যেন তোমার ঘড় সমান

নষ্ট হলে বাসস্থান, নুতন করে গড়তে হয়।।

নং- ১৮ এঁকে বেঁকে নদী বহে, উঁচু হতে নিম্নে

এঁকে বেঁকে নদী বহে, উঁচু হতে নিম্নে

তোর নদীর জল বাও উত্তল দমধরে তোল, বারি ছিল যেখানে।।

ধীরে ধীরে বারি জমে কৈলাশ ভবনে,

মদন রতির জোড়া টানে, সমুদ্রে যায় নেমে,

হারিয়ে ফেলি নিজ জ্যোতি, কারণ বারণ না মানে।।

ভিয়েন করে রস জমা, যদি তুলবি বাড়ি তুই,

জমে গেল বরফ হলে, বাড়ি আটসাট রয়,

সহজে তখন নামে নারে, আটকে পরে নালে।

ধূলোক্ষ্যেপা জ্বাল খাটা, ভিয়েন হবে না,

কম রসে কী মন বসে পাত্র ভরে না,

সময়ে তাল ঠুকলি নারে, মন ছিল তোর কোন খানে।।

নং- ১৯ এ এক আজব কথা মজার বার্তা গায়ে রটেছে

এ এক আজব কথা মজার বার্তা গায়ে রটেছে

গভির রাতে কত্তার ঘরে চোর ডুকেছে।।

সিধ কেটে করল চুরি দেহের নানা অলঙ্কার,

চুপি সারে নয় গো চুরি, কর্তাই মেরে ঝাঁকার,

কর্তা গিন্নি পূর্ণ চেতন, তবু চোর চুরি করেছে।।

চোরের অস্ত্র রতি ভক্ত কর্তা গিন্নি যারা,

ফুল ধনু মেরে গৃহস্থে, করল ঘায়েল চোরা,

দিক বেদিক দিশা হারা, কে রইল কে গিয়েছে।।

ধূলোক্ষেপ্যার মাথা মোটা, ধন নিল রে হরি,

সর্ব ধন ক্ষয়ে এখন, শ্যামার পায়ে পরি,

দয়াময়ী কর তারন, আমার দেবার কী আর রয়েছে।।

ধূলোর গান

নং- ২০ যে দিন ভবে আইলা, সুন্দর একখান ঘড় পাইলা।

যে দিন ভবে আইলা, সুন্দর একখান ঘড় পাইলা।

কেন তবে কাঁদিলা, কী অভাবে।।

ঘড়ে তোমার কী, বা নাই ফুল বাগান আঙ্গিনাই

নানা নারি কর্মচারি, পবন আছে পাহারাই,

দামি চার আলমারি ধৌত কারি স্বভাবে।।

দর্পণের জগৎ খ্যাতি, ঘরে বসে দেখ পৃথি,

রাখ তারে যত্নে অতি, নয়ন রাখি মুদে,

ঝারবাতি সারি সারি, হৃদয় রাখে আলকরি,

মধুর সুরে বাশি বাজে, অনন্দ উৎসবে।।

বায়ু আসা যাওয়ার তরে, ঘরের গুমট রই নারে,

ধূলোক্ষেপা নিত্য করে, নির্মাতার কথা ভেবে।।

নং- ২১ দেহের যন্ত্রগুলো অচল হলো, সারাই কেমনে,

দেহের যন্ত্রগুলো অচল হলো, সারাই কেমনে,

মিস্ত্রীর বিধান এক্ষুনি আন, পরমায়ূ কিনে।।

প্রভাত পাল

সঙ্গে করি দোকান ঘুরী, দোকানী করে ঝাল-মশলাফেরী,

বলেও নাম শুনিনি, কি দিয়ে খাই কে জানে।।

যন্ত্র গুলি সময় মত, চলত রে ঠিক ঠাক,

ভাবিনি তো সময় গেলে হবে রে বেতাক

তখন অচল হওয়ার ভয় করিনি, অহং এর গুনে।।

ধূলোক্ষেপ্যপা সময় করে, বসগে তার পাশে,

শিখে রাখ কল-কবজা গুলি, কি করে ঠিক রাখে,

নইলে আসছে সময় তোর এই দেহ, যাবে শ্মশানে।।

নং- ২২ সহজ তো নয় সহজিয়া বাউল সাধনা,

সহজ তো নয় সহজিয়া বাউল সাধনা,

দেহর সাধন করগে যতন, মন তারে দে ষোল আনা।

মন্দিরে নয় মসজিদেও নয়, গীর্জায় গিয়ে যায় না জানা,

দেহের মাঝে বসতি তাঁর, নিষ্ট করি কর সাধনা।।

তনে মনে একই তানে, কর তারি ভাবনা।।

ছয় রীপু নষ্টকারী, ত্রিতাপ জ্বালাই জ্বলেমরি,

ধূলোর গান

ত্রিগুন কী আর দেয় রে ছারি বারে যম যন্ত্রণা।।

ধূলোক্ষ্যেপা বয়স হ'ল, সাধনে তার বাদ সাধিলো।
যৌবন গেল এলো মেলো,
মিলবে কী তার করুনা।।

নং- ২৩ ঘরের ভিতর কী কল আছে, চলছেরে ধুক ধুক

ঘরের ভিতর কী কল আছে, চলছেরে ধুক ধুক

হাপুস হুপুস হাফর টানে, কামার আঙুনে পাই সুখ।।

কোন কামার ঘরের ভিতর, করছে কতই কাজ।

কাজের তার শেষ নাই গো, নেই রে অবকাশ

ধরা ছোঁয়ার বাইরে থাকে, যাই না দেখা তারই মুখ।।

ঘরের নয় দরজা রই, অসংখ্য জানালা ঘরে, বাতাস নিয়মিত বয়,

ছয় তলা উপর নিচে, ফুল ফোটে বিমুখ।।

ঘরের ভিতর কামার ওগো, করছে কী যে কাজ,

কামারের দেখা পেলে, ধূলোক্ষ্যেপা চরণে হবে দাস,

সুযোগ এমন ফসকে গেলে, মন বেজাই পাবে দুখ।।

নং- ২৪ দারোগাবাবু রফা বোঝে না, কর্ম করার আগে এসে করে সে মানা

দারোগাবাবু রফা বোঝে না, কর্ম করার আগে এসে করে সে মানা

চিত্তামনির কুমন্ত্রণায় ছয় চোরা ঘরে লুকাই,

সুযোগ পেলেই ধন হাতাই, কিছুতেই যায় না জানা।

ধনীর গৃহে দেয় হানা, কামনা চোরা বাক্ মানে না,

দারোগা করলেও মানা, কানে কথা তুলে না।

ধূলোক্ষেপ্যাপা কয় ভেবে, বিবেক যেন সজাগ থাকে, ভব জীবন ধন্য হবে,

রইবে না তার জন্মের দেনা।

নং- ২৫ ঘরের তলা যাই না বলা, দুই চলা সমান,

ঘরের তলা যাই না বলা, দুই চলা সমান,

কেউ বলে ভাই ছয় তলাঘর, দরজা নয় খান।।

হিসাব নিকাশ করলে কত, জ্ঞানী মহাগুনী,

ঘরের তলাই শেষ কোঠাই, উঠলেম নারে আমি।।

ধূলোর গান

কোন তলাই আমার নিবাস, কোথাই করি শয়ান।।

শতদল উল্টে ঝোলে, কাণ্ড নাহি পাই,

সেই ফুল দল গুলিতে, বর্ণে শোভা বাড়াই,

প্রতি কুঁড়ি আলো করি, কে করল প্রদীপ দান।।

ধূলোক্ষ্যেপা বসগে একা, উঠবি যদি তলে

নিষ্ঠার সাথে মন লাগা, মূলাধারের মূলে,

মূলাধারে শিড়ি মেলে, উঠলে পাবিরে সম্মান।।

নং- ২৬ *যা আছে কপালে ফলিবে গো পলে পলে,*

যা আছে কপালে ফলিবে গো পলে পলে,

তুমি কী পারিবে গো, অন্যপথে চলিতে, সে লেখা খলিতে

দশরথের পুত্র ছিল, যুবরাজে বসাইল,

তিন ভাই মেনে নিল, তবু রাম বনে গেল,

কৈকেয়ীর চালেতে, পিতৃসত্য পালিতে।।

শ্রী কৃষ্ণ ভগবান, অবতীর্ণ বৃন্দাবন ধাম,

বিধাতা ছাড়েনা পিছু, বংশ তাঁর করে নিধন,

প্রভাত পাল

মানব লীলায় অবসান, বৃদ্ধ বয়সে, বনে গাছের ডালেতে।।

বিধির হাতে ছেড়ে দাও, ধূলোক্ষেপা কর্ম করে যাও,

নাম তুমি মুখে নাও, জীবন পথে চলিতে, কথা বলিতে।।

নং- ২৭ এক তারেতে সুর বাঁধি, গাই পথে প্রাণের গান,

এক তারেতে সুর বাঁধি, গাই পথে প্রাণের গান,

বাউল আমি ভবের মাঝে, চরনে মোরে দিও স্থান।।

পূজা অর্চনা কিম্বা আচার, নেই প্রয়োজন বাহ্য উপাচার,

কণ্ঠে গাই তারই কথাই, তুষ্ট হন ভগবান।।

পাপ পূণ্য কি বা ধর্ম, সকলি প্রভু তোমার কর্ম,

আমার জ্ঞান মাত্র শূন্য, জগৎ গুরু নিও প্রণাম।

সত্য যদি তুমি থাক, ধূলোক্ষেপার মান রাখ,

অবুঝ আমি বুঝি নি-তো, সম্বল মাত্র মোর গান।।

নং- ২৮ এত কেন আশা, কী আছে ভরসা, তোর জীবনের আয়ু সহস্র হবে না

এত কেন আশা, কী আছে ভরসা, তোর জীবনের আয়ু সহস্র হবে না।

ধন, জন, যৌবন, আত্মীয় পরিজন সকলি হারাইবে মুদিলে নয়ন,

কেন মন, কারে করি আপন, নিদেন কালে তাদের পাবে কী ভরসা।।

বোল, মন, তন এক করি এখন, ডাক না তারে, সেই যে ভবতারন।

না করিয়া আশা, হবে না নিরাশা, মিলিবে তোমার শান্তির বাসা।।

নানা দিকে ধাও, কুফল কুড়াও,

ভূত ভবিষ্যত তুমি, জলাঞ্জলি দাও, ধূলোক্ষেপা এখন বসে পরমন

শ্যামা মায়ের কোলে, হবে না নিরাশা।।

নং- ২৯ এ কিসের টান, যাই বুঝি মান, নারি রূপের ফাঁদ সামাল সামাল,

এ কিসের টান, যাই বুঝি মান, নারি রূপের ফাঁদ সামাল সামাল,

ঘরের রতন হরে নিল মদন, কদম কদম তুই গেলি যমের দ্বার।।

পরমায়ু তোর ছিল কিরে কম, যৌবনের দম কেড়ে নিল ভ্রম,

প্রভাত পাল

রাঙালি জীবন, কু-কাজে যতন, ঠেকাই পতন সাধ্যকার।।

যে কাজে আশা, পরিল যে ভাঁটা, কিসের নেশাই তোমার বেদম ছোটা,

মনকে বোঝাও, যত পাও ফাও, সকলি তোমার হবে অসার।।

ধূলোক্ষেপ্যপার মাথা, কিসের এত ব্যথা, অভয়া মাতা নিয়েছে ভার

ভজ তার চরণ যাবি যদি মন, অনন্দ নিকেতন পদতলে তার।।

নং- ৩০ হে রামকৃষ্ণ নাশ কর ভব বিঘ্ন, ধরাই মোর জন্ম বৃথা নাহি যাই,

হে রামকৃষ্ণ নাশ কর ভব বিঘ্ন, ধরাই মোর জন্ম বৃথা নাহি যাই,

পরমানন্দ পাই নিত্যানন্দ পাই।।

ভবে এসে ভব ভার হরিলে তুমি,

আচণ্ডালে প্রেম দিলে, প্রেমময় স্বামী

ব্রহ্ম অবতার বিশ্বে করিল প্রচার,

এক দেহে রাম আর প্রেমের কানাই।।

বিবেকানন্দ স্বামী নিলেন তোমাই গুরু মানি,

ধূলোর গান

প্রকাশিতে যিনি গেলেন আমেরিকাই,

সর্ব ধর্ম সার শুনালেন জগৎ মাঝার,

সনাতন সবার পূর্ণতা জোগায়।

ধূলোক্ষ্যেপা বলে এবার জগৎ মাঝার,

রামকৃষ্ণ ময় হয়ে উঠুক সংসার,

রবে অকুতোভয় অশুভ হবে লয়,

নাহি ভয় নাহি ভয়, মোর প্রার্থণায়।।

নং- ৩১ যে দিন আসিবে শমন, ভয় পেয় না, তারে কর আলিঙ্গন

যে দিন আসিবে শমন, ভয় পেয় না, তারে কর আলিঙ্গন

জন্ম নিলে মরবে তুমি, শেষ কথা নয়, মৃত্যু কখন।।

এক হতে যবে বহু হলো, নানা প্রাণী সে দিন জন্ম নিল।

ধরার বুকে প্রাণ সঞ্চারিল, শুরু হলে শেষ হবেই যখন।

অনাদির আদি কর্তা যিনি, যার আদেশে এলেম আমি,

নমন করি তারে পিতা মানি, ভয় যাবে তোর আসিলে শমন।।

সহজ হতে জীবন সহজ হবে, মেনে নিলে সেই নিয়ম ভবে,

তাঁর নিয়মে চলতে হবে, পিছু হাটা নয় চলাই জীবন।

নং- ৩২ সাইরাম সাইরামা।

সাইরাম সাইরামা।।

ধরগে ভেলা এই বেলা, যাবি যদি সাইধাম,

দু-হাত প্রসারী যিনি, ডাকেন তোমাই অবিরাম।।

ভগবানের শক্তি যিনি, জন্ম নিলেন এই ধরাই,

ভবজ্বালা তারণ কারি, সেই প্রভু সাঁই গোসাই,

ভক্ত বিনে কেউ বা চিনে, নামেই আছে মক্কধাম।।

কথাই কথাই কহে গেলেন নানান উপদেশ,

জীবনটারে গড়ে নেওয়া অজানা সন্দেশ

তার চরণ তলে, ভক্তিভরে জানাই প্রণাম।।

ধূলোক্ষেপ্যা নত মাথা, শ্রী শক্তির চরণে,

কর্ম কিছু হয় না যেন, তাঁর ইচ্ছা বিনে,

জন্ম-মৃত্যুর ভয় যাবে, বল সাঁইরাম।।

ধূলোর গান

নং- ৩৩ দেনার দায়ে বিকাল চুল, নিলিরে তুই যা নেবার

দেনার দায়ে বিকাল চুল, নিলিরে তুই যা নেবার

দেবার বেলাই ভুলে গেলি মহাজনের ধার।।

নিত্য প্রয়োজনের সইদা নিলি ধার খাতাই,

টাকা করি চান না তিনি, দু-হাত ভরি বিলাই।।

আরো দাও আরো দাও, কেন মিছেই কর হাহাকার।।

কোন জন্মের কত দেনা, লেখা তার খাতাই,

দেনার দায় এড়িয়ে যাবি, উপায় যে গো নাই,

মিছেই তোমার লুকোচুরি, ধরগে পায়ে দোকান দার।।

ধূলোক্ষ্যেপা চুপটি করে, শ্মরণ নিগে দোকানদারে

দেনা দাই তোর যাবে উরে,

কৃপাই যে তাহার।।

নং- ৩৪ সর্বভূতে বিরাজিছো তুমি ভগবান,

সর্বভূতে বিরাজিছো তুমি ভগবান,

পূজা দি প্রণাম করি, তবে কেন, জীবের অপমান।

পুরাণ কথা শুনি আমি, সবার মাঝে প্রধান তিনি,

অমান্য করি কথাখানি, পূজা প্রণাম কী বা দাম।।

কেই বা ছোট কেই বা বড়, ভাবনা অকারণ,

সবার মাঝে সেই ভগবান, দুঃখ দাও কারে মন,

সত্যটাকে বুঝতে শিখ, হইও না আর নিম্নমান।।

ধূলোক্ষেপ্যপা ভাবছে বসে, যে থাকে রীপুর বশে,

শুনাও তারে যতই কথা, কানে না শোনে,

মরণ পথে পা বাড়িয়ে, হয় না আর আগুয়ান।।

নং- ৩৫ মন্দিরেতে পূজা দিলেম, নমি চরণ ভগবান,

মন্দিরেতে পূজা দিলেম, নমি চরণ ভগবান,

মসজিদে নামাজী আমি, আল্লাহ যে তারি এক নাম।।

গীর্জাই গিয়ে নমি পিতাই, সন্ধ্যান করি সেই দেবতাই,

যারে পাই ভিন্ন সে নয়, বহু রূপে বিরাজমান।।

খুঁজি তারে আকাশ পাতাল, নারামাখা কেউ দারিয়াল,

কেউবা সাকার, কেউ নিরাকার, কেউ বলে ভাই কী বা প্রমাণ।।

ধূলোর গান

ধূলোক্ষ্যেপার বুদ্ধি মোটা, বলে বেড়াই একই কথা,

বহুরূপে জগৎ ভ্রাতা, কর তাঁর চরণে প্রণাম।।

নং- ৩৬ ভবে তোমার আসা যাওয়া, শেষ হবে না, ফুরালে নিদান

ভবে তোমার আসা যাওয়া, শেষ হবে না, ফুরালে নিদান

দিনের বেলাই এই যে খেলা, মোহমেলা আকর্ষণে মারবে রে টান।।

কত বার ভবে এলি, কত বার ঘর বানালি,

কত জনকে সঙ্গে পেলি, হল না তোর মুসকিল আসান।।

কে যে তোমাই বারে বারে, ভবের মাঠে প্রেরণ করে,

খেলতে গিয়ে ভেবেছ কী, খেলার শেষে কী পরিণাম।।

ধূলোক্ষ্যেপা কাঁদছে বসে, খেলার শেষে ফলের আশে,
ভবানী তোমার চরণ উদ্দেশ্যে
কোটি কোটি জানাই প্রণাম্।।

নং- ৩৭ তোর সাধের জীবন গুঁয়ালী-রে মন,

তোর সাধের জীবন গুঁয়ালী-রে মন,

অনন্ত আশা বুকে লয়ে, সাধ গেল তোর সাধন বিনে, মানব জীবনে।।

আলোক লতা দেখ বৃক্ষে জড়াই,

আগাগোড়া লতার দেখা নাহি যাই,

আশা লতা মনে বৃক্ষ সমতাই,

মিটিবে কী আশা রাখিলে যতনে।।

অতি যতন করি সাধনে বসি, সাধ কে দাও সাধনে ভরি,

দূরে যাবে আশা মুক্ত হবে বাঁসা, মনের দরজা খুলে যাবে এক্ষুনি।।

ধূলোক্ষ্যেপা বলে মিছে এই আশা, বৃথা হবে তোর জীবনে সাধা।

জন্ম নেবে লতা প্রতি ক্ষণে ক্ষণে, মনটুকু দাও মা-কালীর চরণে।।

নং- ৩৮ *বোবাই কী কই কথা, কানা দেখে সূর্য উঠা,*

বোবাই কী কই কথা, কানা দেখে সূর্য উঠা,

চোরের কর্ম নইরে ধর্ম, বোঝে কী বোকা তত্ত্ব কথা।।

আলাদীনের প্রদীপ নইরে, চাইলেই তুই পাবি কড়ি,

কর্ম কর ধর্ম চেয়ে, স্থির রাখ অটাল বাড়ি,

অনায়াসে সাধনে বসে, পাই হৃদে বিশ্বমাতা।।

ধূলোর গান

তিল ধারনের শক্তি যার নাই, অনন্ত আকাশ ধরতে চাই,

মাটির ভিতর কেঁচোর বাসা, ফুলের মধুর স্বাদ কী পাই,

সাধন করে হৃদয় বাড়া, তারা-মা তখন দেবে সারা।।

ধূলোক্ষেপ্যার মতিভ্রমে, সাধনের ধারা না জেনে

সাধনাই যাই অতি বীক্রমে, হাত দিয়ে কী যাইরে হাঁটা।।

নং- ৩৯ সুখের লাগি ঘর বানালি, দুঃখ নিল বাঁসা,

সুখের লাগি ঘর বানালি, দুঃখ নিল বাঁসা,

খাসা এ ঘড় মাটির ভিতর, ইঁদুর করে ফাঁকা।।

অট্টালিকার রকমারী ছকের কত বাহাদুরী,

দেখতে যেন প্রাসাদ পুরী, বাড়ীর ছকে ছকে ধোকা।।

বাড়ির ভীতর কর্তা যিনি, বাড়ীর গরবে গর্ব তিনি,

কাটে মুসিক বাড়ির ভিতখানি, গৌরব তোমার বৃথা।।

নোনচে ধরে ইঁটের গায়ে, ইঁট গুলি বাড়ির ঝড়ে পরে,

ধূলোক্ষেপ্যা শয়ন করে, ভয়ে বৃক্ষ তলে একা।

নং- ৪০ নবোদিত সূর্য বলছে আমাই,

নবোদিত সূর্য বলছে আমাই, দিন বয়ে যাই তোর দিন বয়ে যাই।।

কী যে কোন তারনাই ছুটছি পথে, অন্তনাই তার অন্তনাই।।

জীবন যন্ত্রণা শেষ হবে কী, অবিরাম সময় দিচ্ছে ফাঁকি।

তবুও হাসি কান্নাই ভাসি, ক্লান্তি নাই যেন ক্লান্তি নাই।।

অনন্ত আকাশ ডাক দিয়ে যায়, আকাশের ঈশারাই সাড়া দিতে চাই,

পাই না খুঁজে, পথ হারাই, কোথায় যেতে কোথায় যায়,

ভিখারীর বেশে ধূলোক্ষ্যেপা হাঁটে, ধরতে চাই তার আনন্দ টাকে,

হাতরে মরি অন্ধকারে, নাইরে নাই সে যে দূর সীমানায়।।

নং- ৪১ আঁধার ঘরে একলা বসে, কাঁদিস কেন মন পাগল,

আঁধার ঘরে একলা বসে, কাঁদিস কেন মন পাগল,

চেয়ে দেখ বাহির পানে, আলো করে ঝলমল।।

দুখে দুখে শেষ হয়ে যায়, তোর পূর্ণ জীবন টায়,

ভুবনে কত সুখ মেখে নে তোর গায়,

ঝেরে ফেল অলসতা, কর্মে হও চঞ্চল।।

ধূলোর গান

নিত্য যদি ডাকিস তারে, পথ দেখাবে সেই,

যাসনে ভুলে পথের রাজা, কর্ম কারক কেউ,

নিতি নিতি পাবি দিশি, চল আগে চল।।

ধূলোক্ষেপা যাইরে দেখা, নব সূর্যদয়,

ঝলমলে রোদ উঠেছে, অলসতা আর নয়

রোদ মেখে আদুর গায়ে, চাষির কাধে লাঙল।।

নং- ৪২ সাঁঝ বাতিটা জ্বালায়ে ঘরে, কাঁদো কোন বেদনাই,

সাঁঝ বাতিটা জ্বালায়ে ঘরে, কাঁদো কোন বেদনাই,

জীবনের দিন ফুরাল একদিন, ভবের বেলা বয়ে যায়।।

দিনে দিনে দিন বয়ে যাই, ভজিলেম না প্রেম কানাই,

কুট কাচালি তর্কে জুরি, আমার মত কেউ তো নাই।।

সন্ধ্যা হলে ভাবতে বসি, সারাটা দিন করিলাম কী,

পাগল হয়ে মহে মজে, পড়ে থাকি বিষয় খেলাই।।

ধূলোক্ষেপা ছুটছে কাজে, অকর্মটাই কর্ম ভেবে,

হরি তুমি মন মজায়ে, ফেরাও পথে সৎ ভাবনাই।।

নং- ৪৩ এই এলো ঝড় মাঝ গাঙ্গে, সামাল তরি সামাল,

এই এলো ঝড় মাঝ গাঙ্গে, সামাল তরি সামাল,

ভরা ডুবি হবে রে তোর, সাধের নৌকো খান।।

ধন জমারে ভবের মাঝি, ভেবেছ দিন যাবে সুখে,

সুখ তরী কে সামলাবে, নিলি নে যে তারি নাম।।

অর্থ চিন্তা সুখ ভবে, অথই তোর ফ্যাঁস জোগাবে,

পরমার্থ কে সাঁধিৰে, পরকালের কী বিধান।।

ধূলোক্ষ্যেপা তরীর মাঝে, সুখের স্বপ্ন দেখতে থাকে,

যমদূত কখন এসে, মিলাই তার খতিয়ান।

নং- ৪৪ ডাঙ্গাই কীরে চলে ডিঙ্গা সাগর জলে হাঁটা,

ডাঙ্গাই কীরে চলে ডিঙ্গা সাগর জলে হাঁটা,

ঠাকুর মেলে তক্কে কী রে, প্রেম বিনে ভালবাসা।।

গুচ্ছ গুচ্ছ মন্ত্র শুনাও, যার তরে তার সারা কী পাও,

মতি তোমার কোথায় উধাও, কী কর প্রত্যাশা।।

ধূলোর গান

চিন্তা আমার ভিন্ন মার্গে, কর্ম করি নিজ স্বার্থে

পূজা পাঠ কামনার্থে ভক্ত আমি বেশ খাসা।।

ধূলোক্ষ্যেপার মন মতিটা, দৌড়ে বেড়াই হেথা সেথা,

চরণ তলে উজায়ে যা, রক্ষা করে বিধাতা।।

নং- ৪৫ *মনরে মন কথা বলি শোন্, জীবন যৌবন ভবে অমূল্য রতনা।*

মনরে মন কথা বলি শোন, জীবন যৌবন ভবে অমূল্য রতনা।।

নষ্ট করি ধনগুলি, অপদার্থে ভরলি ঝুলি,

মুখে বলিস নানান বুলি, নামে অচেতন।।

করিস নারে চালাকি, বেচাল ভবে তুই খেলি,

যৌবনের ক্ষণ ভোগে দিলি, নিত্য ধনে অযতন।।

ধূলোক্ষ্যেপা ভাবে বসে, আর কই দিন ধরাই আছে,

জীব তারা পরবে খসে, শৃঙ্খলে বাঁধবে শমন।।

প্রভাত পাল

নং- ৪৬ কাঙ্গাল আমি তোমার লাগি, ওগো দয়াময়,

কাঙ্গাল আমি তোমার লাগি, ওগো দয়াময়,

পথে পথে ফিরি হেরি, তব কীর্তি জগৎময়।।

বহু রূপে বিশ্ব জগৎ, করিলে প্রতিষ্ঠা।

জগৎ মণ্ডলে মানব, অপরূপ শোভা,

জীব শেষ্ঠ করিলে তারে ওগো দয়াময়।।

বিশ্ব হেরি বোঝে জ্ঞানি, তুমি যে বিশাল,

ক্ষুদ্র আমি জগৎ স্বামি, দেখা দাও ক্ষণকাল,

অনন্ত তুমি হেরিব আমি, রূপ করি আশ্রয়।।

ধূলোক্ষেপ্যা তৃষ্ণা তুরা, মাগো প্রেম ধারা,

কেন তুমি জগৎ মাঝে করলে দিশাহারা,

তোমার লাগি গৃহ ত্যাজি, ভক্ত পথ করে আশ্রয়।।

নং- ৪৭ বসন রাঙালি যদি, কেন মন রাঙালি না

বসন রাঙালি যদি, কেন মন রাঙালি না

সাধু সাজা হ'ল রে তোর, প্রেমিক হলি না,

সাধু সেজে লোভে মরিস মণি-কাঞ্চনে।

ধূলোর গান

সবাই কে তুই ফাঁকি দিবি, মন তোরে চেনে,

পড়লি ধরা বসন পরা করিস কেন ছলনা।।

ভূত ভবিষ্যত বলে দেওয়া, অভ্যাস আছে বেশ,

লোক মান্য সাধু হলি, মাথাই জটাজুট কেশ,

ধনের ধ্যান করলি কত তারে ডাকলি না।।

ধূলোক্ষ্যেপা বসে একা, মনের দুখেই কয়

সাধু হওয়া হল না তার, সংসারেতে রই,

চেতন দাও প্রভু তোমার করি প্রার্থণা।।

নং- ৪৮ রূপ সাগরে ডুবে দে রে মন, পাবি রতন মনের মতন,

রূপ সাগরে ডুবে দে রে মন, পাবি রতন মনের মতন,

হারাস নে ধন কর চিন্তন, উজ্জ্বলা হবে রে জীবন।

প্রেম ডোরে বাঁধরে তারে, রূপ নয় নিরঞ্জনে

যার লাগি সাধক সাধে, দিনে রাতে নিষ্ঠা ভরে

নানা ভাবনা ছেড়ে তুই ডুব দে যার গর্ভে রতন।।

প্রভাত পাল

মানবি কেন বাধা বিঘ্ন, পথেই সে রইবে সাথে

সরিয়ে দে তুই নিজ করে, মনের জোরে বজ্র ঘাতে

চেতন হয়ে দেখবে চেয়ে, রয়েছে তোর জ্ঞান নয়ন।।

ধূলোক্ষেপ্যার জপের মালা, গলাই দোলে করে বালাই।

মন তার পালাই পালাই

কী করে পাবে মক্কম।।

নং- ৪৯ *মন কলি কাল বড়ই জঞ্জাল, অর্ধমের তাল,*

মন কলি কাল বড়ই জঞ্জাল, অর্ধমের তাল,

নানা রঙ্গে মন মেতেছে।।

সঙ্গে আজি কুসঙ্গ হায়, হারিয়ে ফেলি ছন্দটাকে।।

সত্য কথা কইতে নারি, অন্ধ সেজে ঘুরিফিরি,

ধূলোর গান

ভাবের ঘরে করি চুরি, পতন আমার কে ঠেকাবে।।

মিথ্যা কথাই সাধু খুশি, যা পায় তা অনেক বেশী,

কেন মিছে নি গো ঝুকি, সত্যই কী আর স্বর্গ আছে?

ধূলোক্ষেপার নেশাই মতি, গো দুগ্ধে গরল অতি,

খুঁজি শুধু কলাই করকরি

গাওয়া ঘিরে পেট ফাঁপে।।

নং- ৫০ ভবের হাটে সংসার মাঝে, ঝড় তুফান তরবিরে মন,

ভবের হাটে সংসার মাঝে, ঝড় তুফান তরবিরে মন,

সকাল সাঁঝে চিত্ত মাঝে, নিত্ত প্রভুর চরণ শরণ।।

সারা দিনে সময় যে নাই, বিষয় কর্ম করি মেলাই,

ভোর বেলাই কাজের ঠেলাই, নিত্য করে মন হরণ।।

সন্ধ্যা হলে পরি ঢলে, ক্লান্তি নামে চোখের কোলে,

চোখ বুজে যাই চেতন হারাই, প্রভু কী করি এখন।।

ধূলোক্ষেপা রাত্রি বেলাই, ভবের ঘরে রই একেলাই,

বলে প্রভু পরেছি ঠেলাই, কৃপাকর কৃপা রতন।।

নং- ৫১ *বর্ষার সঙ্গী মাথার ছাতা, শীতে ভারি কাঁথা,*

বর্ষার সঙ্গী মাথার ছাতা, শীতে ভারি কাঁথা,

পথের সঙ্গী ট্যেঁকের টাকা, দেয় যদি বিধাতা।

মেঘের সঙ্গী বাদলা হাওয়া, ঝড়ে বৃষ্টি ধারা।

নদীর শ্রোতে বন্যাই ভাঁসে, গ্রামের সকল পাড়া।

মহাজনের গোলা ভাসে, কাব্যের কবিতা।।

বড়ের সঙ্গী মিষ্টি বধু, পাই যদি তার ছোঁয়া,

ছাড়তে পারে ঘর-বাড়ী, ডাঙ্গাই চালাই ডিঙ্গা।

প্রেমের সঙ্গে প্রেমিক মিলে খোলে জীবন খাতা।।

ধূলোক্ষেপা শুয়ে শুয়ে কাটাই দিনরাত, বুকে ব্যথা

চলার পথে পরে দীর্ঘশ্বাস, বিধাতার বিধির বিধান

খন্ডাইবে বল কেবা।।

ধূলোর গান

নং- ৫২ যৌবনে পাপ করে বৃদ্ধ বয়সে ধর্মে মন,

যৌবনে পাপ করে বৃদ্ধ বয়সে ধর্মে মন,

হৃদয়ে গাঁথা কাঠির দাগ তোর, রহিবে সারা জীবন।,

যৌবনে ভাবলি নারে, কর্মের ভাবনা কু-কর্ম করে রে তুই,

পাপে ভরলি হৃদয়খানা, জীবন তরি ভিরিয়ে নিলি, উল্টে পথে কখন।

তারন্যে ভরা জীবনে তোর কর্ম ছিল কত,
সুকর্ম মন দিলে রে জীবন, গড়ত ফুলের মত,
ধরায় মানুষ নিত শান্তি, জীবন করলে অনুসরণ।
সুগন্ধে ভরে উঠত, তোর চারিধার,
নানা ভ্রমর গুনগুনাত, আনন্দের হত হাটবাজার,
ধূলোক্ষ্যেপা বলে তরে, উল্টে গেলে পঁচবে তোর জীবন।

নং- ৫৩ সংসারে সং ভুলে করিস যদি বাস,

সংসারে সং ভুলে করিস যদি বাস,

হবি রে তুই পরমহংস নিত্য হরিদাস।।

বেভুলে পথ চলা, আগুন নিয়ে খেলা করা,

এতো নয় জীবন গড়া, দর্পণে ময়লারই আভাস।

পরমানন্দ পেতে গেলে, সংগুলি দাও দূরে ঠেলে,

সার বস্তু কুড়িয়ে নিয়ে, হৃদয়ে কর রাশ।

মানব জীবন পূর্ণ হবে, নিত্য তিনি রইবেন হৃদে

ধূলোক্ষ্যেপা মরলে নিজে, না হয়ে তাঁর দাস।।

নং- ৫৪ ষোল নাম বত্রিশ অক্ষর, হরিনাম মহামন্ত্র কয়

ষোল নাম বত্রিশ অক্ষর, হরিনাম মহামন্ত্র কয়

গুনে দেখি সে নামের নাম, তিন খানি যে রই,

হরে, কৃষ্ণ, রাম- এই তিন নাম

বার বার জপ তুমি, জপ অবিরাম,

জপ তুমি নিষ্ঠা ভরি, হৃদয় হবে গোলক ময়।

গোলক হতে নাম আনিলেন, গৌড় গুনমণি,

পতিতে করিতে উদ্ধার, নাম মন্ত্রখানি।

নাম জপিলে ভব তটে, পাপের হয় ক্ষয়।।

প্রণব মন্ত্র কহে শুনি, আছে আর এক নাম,

যে নামে তিন নামি ওয়ে, দেব তিন প্রধান।

ধূলো বলে গোপন হরিনাম, এই কী তবে কয়।।

ধূলোর গান

নং- ৫৫ গোলমাল বেঁধেছে নদীয়ায়, তোরা দেখবি যদি আয়,

গোলমাল বেঁধেছে নদীয়ায়, তোরা দেখবি যদি আয়,

খোল করতাল নিয়ে গোরা, হরিনাম বিলাই।।

নবদ্বীপের লোক সকল, দু-হাত তুলে বলে হরিবোল,

কাতারে কাতারে সবাই, গোরার কাছে যাই,

গোরা তাদের ডেকে বলে, হরি হরি বল রে ভাই।।

পঞ্চতত্ত্বের জ্ঞানী গুনি,

হরি ধুনি করে যখনি,

যেন আকাশ হতে দৈব বাণী শুনি একই দেহে কৃষ্ণ রাই।।

মন আমার হ'লরে পাগল,

হরি নামে নেমেছে ঢল,

ক্ষ্যেপাধূলো চল রে চল,

নব গোড়ার চরণে লুটাই।।

প্রভাত পাল

নং- ৫৬ মেঘ তুমি যাও না সেথাই, কালা চাঁদের কাছে,

মেঘ তুমি যাও না সেথাই, কালা চাঁদের কাছে,

বল গিয়ে তোমার প্রিয়ে, চোখের জলে ভাসে।।

পাগলিনী রাধা কাদে, তোমার লাগিয়া,

তুমি কি আসিবে না শ্যাম, দিতে চোখের জল মুছাইয়া,

কত ব্যথা বুকে লয়ে, রাধে, কৃষ্ণ হা-কৃষ্ণ ডাকে।।

মেঘ তোমার পায়ে ধরি, শিঘ্র তুমি যাও,

কৃষ্ণের বুঝাইয়া তারে একবার এনে দাও,

কালাই না হেরিয়া আমার, নয়ন দুটি গেছে।

কী কর কী কর রাধে, মেঘের পায়ে ধর,

সে কী বুঝাইতে পারে, কৃষ্ণের হৃদয় অতি দড়,

ধূলোক্ষ্যেপা ভেবে বলে, রাধের কপাল বুঝি গেছে।।

নং- ৫৭ রাধা রানী গোপ নারী কৃষ্ণের প্রাণ,

রাধা রানী গোপ নারী কৃষ্ণের প্রাণ,

নয় কোন দেহি তিনি, ভক্তের আর এক নাম।

৪৪

ধূলোর গান

কায় মন বাক্য দানী, করেন যিনি পূজা,

তিনিতো রাধা রানী, কৃষ্ণের প্রাণ শক্তি দাতা।

ভক্ত বিনে ভগবান, না হয় পূর্ণমান

অর্ধ অঙ্গ যিনি রাধে, কৃষ্ণের বাড়াই মান,

কতশত লীলা ব্রজে করিলেন শ্যাম।

সমর্পিত রাধারানী, অন্যে নাহি ধ্যেয়ান।।

ভক্ত সে গো নিত্য গোপি, করেন যিনি কর্ষণ

হৃদয়ে সদাই কানু, নয়নে ঝরে বর্ষণ।

ধূলোক্ষেপ্যাই এমন মতি দাও তুমি শ্যাম।।

নং- ৫৮ খোলের তালে হরি বলে নেচে নেচে কে যায় রে চলে

খোলের তালে হরি বলে নেচে নেচে কে যায় রে চলে

নবদ্বীপের রাজ পথে প্রেম নিয়ে কে ফেরি করে,

লাগে না তার, কোনো কড়ি, আয় নিয়ে যা আঁচলা ভরে,

মনের কোনে প্রেম জমেছে, গৌড় নিতাই গানের সুরে,

যায় চলে মন তারি সাথে, তালে তালে পা মিলে।।

ডাকে নিতাই আয় চলে আয়, থাকিস কেন দূরে সরে,

সহজ তানে গান ধরেছে কণ্ঠ মিলা তারি গানের বলে।।

ধূলোক্ষ্যেপা তুই খোল বাজা

ঘরের কোণে কেন থাকিস একা

নয়ন মেলে দেখরে চেয়ে তরে যাবি তারি সঙ্গে গেলে।

নং- ৫৯ *রাধে রাধে বলে, জীবন পথে চলে,*

রাধে রাধে বলে, জীবন পথে চলে,

হাতে হাতে ধরি, আই মনের মিলে।।

আসে আসুক বাধা, পায়ে দলি কাঁটা

বিপদ আপদ যত সরিয়ে দিয়ে রাধা,

বল বল কেবলি রাধে, সুখে থাকবি বলে।

চল চল এগিয়ে চলি, মনের অন্ধ গলি

ছেড়ে বেরিয়ে পরি আলোর পথ ধরি,

ধূলোর গান

যত পাপি তাপি সাথে আই না চলে।।

সহজ সাধন হবে, রাধের দেখা পাবে,

মনের জ্বালা যাবে, জীবন ধন্য হবে,

রাধা বলবে ধূলোক্ষ্যেপা ভাব এলে।।

নং- ৬০ হে মধুসূদন, বিপদ' ভঞ্জন, ব্রজের নয়ন মনি যশদা দুলাল,

হে মধুসূদন, বিপদ 'ভঞ্জন, ব্রজের নয়ন মনি যশদা দুলাল,

দরশন দাও প্রভু তিষ্ট ক্ষণকাল।।

তুমি প্রভু প্রেম দাতা গোলকের বিধাতা,

রাধার নয়ন-মণি ভূলোকের ত্রাতা,

প্রণমি তোমাই প্রভু গোপ দুলাল।।

অসুর বিনাশী ধরাতলে আসি মুক্ত বিলাসি,

ভক্তে পুরাও অভিলাস,

প্রাণ মন দানি যে মানব নমি,

তারে তুমি কর ভক্ত বিশাল।।

ধূলোক্ষেপ্যা সবে মাতৃ জ্ঞানে সেবে, না মানি ভেদ দেখে সমতাল,

এসেছি এ ভবে পাপ পূণ্য না চিন্তে,

ভজিব তোমাই প্রভু চিরকাল।।

নং- ৬১ *শ্যাম অঙ্গে ত্রি ভঙ্গে, বাঁশি বাজাই কে,*

শ্যাম অঙ্গে ত্রি-ভঙ্গে, বাঁশি বাজাই কে,

সেই যে গো ব্রজের কানু, গিরি ধরেছে।।

প্রেম দিতে ব্রজে এলেন কৃষ্ণ ভগবান,

যার তরে ব্রজ গোপিনীর ব্যকুলিত প্রাণ,

নন্দরাজ ধন্য পিতা যশোদা দুলাল পেয়েছে।।

রাধা রাণী প্রেম ধনী, সঙ্গ দানি কৃষ্ণে,

প্রেম অবতারী তিনি, ধরাই এলেন নেমে,

নমি প্রভু জগন্নাথে, পাশে বীর ভদ্র বিরাজে।।

ধন্য প্রভু ধরাধাম, তোমার পদ পরশে,

যুগে যুগে এস নামি, ভক্ত নিতে কোলে

ধূলোর গান

ধূলোক্ষেপা কাদে একা, তার পাষাণ হৃদয় গলেছে।।

নং- ৬২ *সে যে প্রেম ভিখারী ভক্তের হরি,*

সে যে প্রেম ভিখারী ভক্তের হরি,

প্রেম বিনে কী পাওয়া যাই,

কর রে মন হরি ভজন, হেরবি যদি প্রেমিক কানাই।।

প্রেম দিয়ে কর পূজা, প্রেম পুস্পে ডালি সাজাই,

আসবে হরি নৃত্য করি, হৃদপদ্ম অগ্নিনাই।।

মনোবাঞ্ছা পূর্ণকারী ধন কাঙ্গাল নই শ্রী হরি,

তুলসি চন্দন দূর্বা তুলি প্রেমিক হরি ভজনাই।।

ধূলোক্ষেপা ভাবছে একা,

প্রেম কেনা যায় গো কোথা,

দু-কান খোলা রাখরে বোকা, নাম যজ্ঞ ইইগো যেথায়৷

নং- ৬৩ ও দাদা বলি গো তোরে, তোর বউ পিরিত করে কেলে রাখালে

ও দাদা বলি গো তোরে, তোর বউ পিরিত করে কেলে রাখালে

জাত কুল মান যাইরে দাদা, কেলে বউ নেৰে কেড়ে।।

কাজের বেলাই অষ্টরম্ভা দাড়াই অগ্নিনাই,

কান খাড়া মন উতলা, কালা কোথাই বাশি বাজাই

বাঁশি শুনে তেড়ে মেরে, পালাই ভাতের হাড়ি ছেড়ে।।

তুই দাদা চুপটি করে থাকিস নে বসে,

বউ সামলা মন উতলা, বউকে কড়া দাওয়াই দে,

নইলে দাদা হইত বাঁকা, তোর প্রাণ নেবে কেড়ে।।
ধূলোক্ষেপ্যার ভিন্ন মতি, কৃষ্ণ যে গো জগৎ পতি,
মিলনে কি যাই গো সতি, সে পদে মনমতি রাখলে।।

নং- ৬৪ হেরবি যদি সেই কালারে আই গো তোরা নদীয়াই,

হেরবি যদি সেই কালারে আই গো তোরা নদীয়াই,

কালো বরণ ত্যাজী আজি, গৌড়ুর হলেন ব্রজের কানাই।।

রাধা ত্যাজে নয় রে কানাই, একই দেহে যুগোল গৌড়াই,

ধূলোর গান

ভাবের ভাব নে না বুঝে, রাই প্রেমে জগৎ মাতাই।।

রাখাল সখা নাইরে সেথা, ঘিরে আছে পঞ্চ-তাত্ত্বিকেরা

পতিত জনে করে উদ্ধার, লীলাময় নদের কানাই।।

ধূলোক্ষ্যেপা দিন কানা, সেই কানাইয়ের কাছ ঘেঁসেনা,

কী করে তুই হবি সখা, সূক্ষ্ম জ্ঞান কোথাই হারাই।।

নং-৬৫ বলরে মুখে মধুর হরিনাম হেরিবি যদি সেই ব্রজধামা।

বলরে মুখে মধুর হরিনাম হেরিবি যদি সেই ব্রজধামা।।

হরিনামে ক্লান্তি নাশে, মনের গ্লানি যায় নিমেষে

পাপি তাপি যত পাই পরিত্রান।।

ভবে এসে বৃথা, সময় কাটাস নে,

নাম জপ নাম গাও হৃদয় ভরে,

পূর্ণ হবে তোর সকল মনস্কাম।।

ত্রিতাপ জ্বালা তোর যাবে দূরে, হরিনাম মুখে নিলে,

ধূলোক্ষ্যেপা চলে ব্রজের পথে, অন্তে পাবে মোক্ষধাম।।

নং- ৬৬ *অষ্ট অঙ্গে কাটি তিলক, হাতে জপের মালা,*

অষ্ট অঙ্গে কাটি তিলক, হাতে জপের মালা,

হরি বলা হ'ল না রে, ওরে আমার মন ভোলা।

মাধাই জটা পরিপাটি সাধু আমি বেশ খাঁটি,

নিত্য ভোর বেলাই উঠি, বসন আমার লাল ওয়ালা।।

বলতে কথা দোষের নয়, লোক দেখলে জপ বেড়ে যাই

ছল ছল আঁখির পাতায় ওরে আমি কৃষ্ণ পাগলা।।

ধূলোক্ষেপ্যপার হলো টা কি, দেখাতে ভান বেশ খেটেছি

চাল কলা মজুত রাখি, পেটে না মেরে তালা।।

নং- ৬৭ *সন্ধ্যা হ'ল ও বিশাখে, কৃষ্ণ এল কই,*

সন্ধ্যা হ'ল ও বিশাখে, কৃষ্ণ এল কই,

সাজায়ে রেখেছি কুঞ্জ, ধৈর্য্য নাহি রই।।

বলেছিলে গত রাতে, ঈশারাতে আর চোখে,

কুঞ্জ সাজাও ও ললিতে, বিলম্বে হতাশ হই।।

পরেছি নয়নে কাজল, খোঁপাই বাঁধি ফুলদল,

ধূলোর গান

বন ফুলের মালা গাঁথি, যত্নে বিনা সুঁতোয়।।

বসাইব ফুলাসনে, চামর দোলাইয়া শ্যামে,

সুগন্ধি আতর দানি, অনুরাগ মিশাইয়া সই।।

ধূলোক্ষ্যেপা কিবা করে, সাধ্য নাইরে গিয়া বলে

এসো শ্যাম হৃদি কুঞ্জে, জীবন আমার ধন্য হই।।

নং- ৬৮ আয় আয় দেখবি আয়, বৃন্দাবনে কে বাঁশি বাজাই,

আয় আয় দেখবি আয়, বৃন্দাবনে কে বাঁশি বাজাই,

বাঁশি শুনি দুই নয়নে, অশ্রু ৰয়ে যায়।।

বৃন্দাবনের তরুলতা, বাঁশি শুনি নিরবতাই

অঙ্গে অঙ্গে পুলক জাগে, বাঁশি রাধা গাই।।

কমলি ধবলি গাই, মাঠে গিয়ে থমকে দাড়াই,

মুরলি কেবা বাজাই, গোঠে থাকা হ'ল দাই

বৃন্দাবনে গপিজনা, গৃহকর্মে হয় নিপুনা,

কর্ম ছাড়ি এই ললনা, ইতি উতি চাই।।

ধূলোক্ষ্যেপার কানে বাজে, বাঁশির সুর রাধে রাধে,

নয়ন মুদে তাই সে কাঁদে, কবে কৃষ্ণে দেখা পাই।।

নং- ৬৯ *হরিনাম ছাড়া আর কী বা আছে, এই ভবের মাঝে,*

হরিনাম ছাড়া আর কী বা আছে, এই ভবের মাঝে,

নাম সত্য, নাম নিত্য, নামে সুধা আছে।।

নামের গুনে ত্রিগুনের মানব উদ্ধে উঠে।।

সত্য-ত্রেতা-দাপর, কলি নাম ব্রহ্ম ত্রি-সত্য বলি,

নাম মুখে বলি কর্ম করি, শমন পাছে নাহি আসে।।

গৌড় এনে দিল এই নাম, পতিত জন পেল সম্মান,

সর্বশাস্ত্র মন্থন প্রমাণ, হরি নাম ভব তটে।।

ধূলোক্ষেপা নাম বলে ভাই, দু-নয়নে জলে ভেঁসে যায়

আয়রে আয় আর সময় নাই, বস নামের তরীর মাঝে।।

নং- ৭০ *করজুরি কে পুকারে এস হরি এস বলে,*

করজুরি কে পুকাঁরে এস হরি এস বলে,

আচগুালে প্রেম দেবে কে, তুমি না আসিলে কালে।।

ধূলোর গান

ভূবন ময় প্রেম হরিলয়, দূরবিত্ত দানব দ্বয়,

হাহাকারে এই জগৎ ময়, পরিমানৰ মায়াজালে।।

প্রভু তুমি কর দয়া, পতিত জনে উদ্ধার গিয়া

ভবে এসে ত্রিতাপ জ্বালা, দূর করি লও ৰক্ষে তুলে।।

ধূলোক্ষ্যেপা জেনে বলা, অদ্বৈত্যের টানে এল গোড়া,

প্রেমময় তনু নব গোড়া, মাতিল ভক্ত হরি হরি বলে।।

নং- ৭১ ও বাঁশের বাঁশি রে, বাজিস নে আর কদম তলিতো।

ও বাঁশের বাঁশি রে, বাজিস নে আর কদম তলিতো।

ভর দুপুরে সকাল সাঝে, বাঁশি বাজে রাধে রাধে,

কী ছলে বল বারে বারে, যাই কালার সাথে পিরিতে।।

ঘরে আমার জোয়ান মরদ, নজর রাখে আমার উপর,

জটিলা কুটিলা ননদ, কয়েদ করে কুঠিতে।।

মনে আমার লাগাম নাই, নয়নে জল বয়ে যাই,

জটিলা কুটিলার পাই, ধরি কোন মতিতে।।

ধূলোক্ষ্যেপা বসে থাকে, কালার বাঁশি শোনার আশে,

কপালে কী আছে বিধে, শ্যাম সাথে পিরিতে ।।

নং- ৭২ ডাকলে তারে জ্বালা ধরে, জ্বালা সহ্য করা বড় দাই,

ডাকলে তারে জ্বালা ধরে, জ্বালা সহ্য করা বড় দাই,

কালা তোর পীরিতি জ্বালা, ধরল আমার গাই।।

কাল কেউটে বিষের জ্বালা, মৃত্যু ভয়ে প্রাণ উতলা,

তোর প্রেমের জ্বালা প্রাণ, যাই নে কালা,

জীবৎ মৃত দরশাই।।

কালার বাঁশি শুনলে কানে, দেহ ভাসে মাধ্যাসনে,

চিত্ত তখন কোন গগনে, ফিরে আনা বড় দায়।।

ধূলোক্ষেপ্যপার চিত্ত চঞ্চল, নয়ন মুদে বল হরিবল,

কালা তোরে দেবে রে কোল, জ্বালা যাবে জুড়াই।।

নং-৭৩ ননদী ও ননদী ধরি দুটি পায়,

ননদী ও ননদী ধরি দুটি পায়,

কদম তলে বাঁশি বাজায়ে, কানাই ডাকে যে আমায়,

ধূলোর গান

ঘরে আমায় আটকে রাখি, প্রেমের জ্বালা বোঝনা তো,

প্রেমের জ্বালাই কত নারী, মরন যে ঘনায়।।

দেখ চেয়ে ব্রজের পথে, শত গোপি গভীর রাতে,

নিজ পতির বক্ষ ছেড়ে, শ্যামের সাথে মিলাই।।

ধূলোক্ষেপা চেয়ে থাকে, ব্রজের পথে পূর্ণিমা রাতে,

শ্যামের সাথে মিলব আমি, কখন ছাড়া পাই।।

নং- 98 লাগাম দে তুই রসনাতে, বাসনাতে দে বিরাম,

লাগাম দে তুই রসনাতে, বাসনাতে দে বিরাম,

জপমালা জপরে বসে, দিয়ে মন প্রাণ।।

কলি কালের মহামন্ত্র, গাওরে কণ্ঠে ভক্তবৃন্দ

মুক্ত হবে পাপ মন তোর, গৌড়ুর দিলেন এই বিধান।।

পাপি তাপি আছে যত, গৌড়ুর বঙ্গ দেশে,

সবাইকে ডেকে বলি, হরি নাম নিয়ে যা এসে

নয়ন জলে শুদ্ধ হবি, গাওরে নাম অবিরাম।।

ধূলোক্ষ্যেপা জপের মালা, শিকেই আছে তোলা,

মরণ কালে চাইলে ভেলা, পাবি কিরে মন ভোলা,

যমের হাতে পরলি বাঁধা, শিকলেতে মারবে টান।।

নং- ৭৫ খেলা কী হবে না সখি, হরির সাথে হরি

খেলা কী হবে না সখি, হরির সাথে হরি,

লুকাল সে কোথায় শ্যাম, মেরে ফিচকারী।।

রঙ দেব রঙ নেব, রঙে রঙে রাঙ্গাইব,

ওগো প্রেমিক গোপচারী।।

আবিরে আবিরে রাঙা ব্রজ পথ ধুলি,

কৃষ্ণ একা সখী রাধার, অসংখ্য গোপনারী।।

ধূলোক্ষ্যেপা শ্যামের চেলা, বেলা গেলে হয় না খেলা,

শ্যাম মেলা শ্যাম মেলা, রাধারমন ভারী।।

নং- ৭৬ ও কে যায়, নবীন সন্ন্যাসী তোরা দেখে যা গোড়াই

ও কে যায়, নবীন সন্ন্যাসী তোরা দেখে যা গোড়াই,

আজানু লম্বিতে ভূজ, গগনে উঠাই।।

গায়ে নামাবলি জড়াই, মুখে হরি হরি গায়,

শত শত ভক্ত বৃন্দ, পিছে পিছে ধাই।।

ছাড়িয়া গৃহী ললনা, সুখ ঐশ্বর্য্য মোহ বাসনা

পতিত উদ্ধারী কামনাই, জনে জনে নাম বিলাই।।

ধূলোক্ষেপা সুখ লাগি, দেখা হল না যোগী,

সুখ ভোগ না ত্যাজী, হরি কী মিলাই।।

নং-৭৭ নারী যে অবলা সই গো, বলা হ'ল কই

নারী যে অবলা সই গো, বলা হ'ল কই,

বলি বলি তারে বলি, বুক ফাটে সই, বলা হ'ল কই।।

শ্যাম চতুরের শীরোমণি, রাই আমাদের মৃদু ভাষীনী,

ছলাই কলাই শ্যামের বড়াই, রাধে, রাঙা ঠোট চেপে রই।।

প্রেম কপটের বিষম লড়াই, রাধে না কৃষ্ণ হারাই,

রাধে আমার কম কিছু নই, লাজ কাটাতে সময় লই।।

ধূলোক্ষ্যেপা মৌন রও, রাধা শ্যামের পদ প্রান্তে দাঁড়াও,

নয়ন জুরে যুগল হেরে, হরি হরি বদনে কয়।।

নং- ৭৮ আজি রথের রসি টানবি যদি, আয় চলে আয়
নিলাচল,

আজি রথের রসি টানবি যদি, আয় চলে আয় নিলাচল,

শ্রী জগন্নাথ বসেছেন রথে, লক্ষ কণ্ঠে হরিবোল।।

মাসির বাড়ি যাবেন হরি, দাদা বলরাম সঙ্গ করি,

হরির ভগ্নী হলো সঙ্গী, ত্রি-রথ তৈরী বাজা খোল।।

রথের দড়ি হাতে ধরি, কোটি কোটি নর-নারী,

রাজ পথে দিচ্ছে পাড়ি, জীবন হবে সফল।।

ধূলোক্ষ্যেপা রইল বসি, ফোস্কে গেছে হাতের রসি,

ভিজা ভিজা চক্ষু মুদি দেখি, ডাকে হরি দিতে কোল।।

নং- ৭৯ আমি খুঁজে বেড়াই দয়াল তোমাই, কোথাই তোমার বাস,

আমি খুঁজে বেড়াই দয়াল তোমাই, কোথাই তোমার বাস,

হৃদি কুঞ্জে মাঝে শূন্য আজি, দুঃখ বার মাস।।

সাজাই আমার কুঞ্জটারে, বনফুল গাঁথি দারে দারে,

আতর গোলাপ চন্দন ভাড়ে, আসিলে কৃষঃ সাজাইব আজ।।

নন্দন কানন নই মোর হৃদি, প্রভুর নামে জ্বালায়ে বাতি,

বসে আছি দীর্ঘ রাত্রি, নিবারিতে কষ্ট আস।।

ধূলোক্ষেপ্যপার সময় হ'ল, কুঞ্জ তার এলো মেল,

শেষের দিনে কৃপা কর, প্রভু, আমি তোমার নিত্য দাস।।

নং- ৮০ হরি নামের বান ডেকেছে, সাধের নগর নদীয়ায়,

হরি নামের বান ডেকেছে, সাধের নগর নদীয়ায়,

চরাচর প্লাবিত ভূধর, হরি বলে ভেসে যায়।।

অদৈত্য কাতর ডাকে, বান বয়ে যায় গোড়ার মুখে,

জোয়ারের স্রোত ঘরে ঘরে, নাম বিনে আর কেহ নাই।।

প্রভাত পাল

কী বা পুরুষ কী বা নারী, আনন্দে আজি ঘরের বাহির,

গোড়াই দেখে নয়ন ভাসে, আগে চরণ যেন পাই।।

ঘরে বসে আর থাকিসনে, স্রোতের মাঝে মিশে যারে

ওই দেখ, ধূলোক্ষেপা দো-টানাই পরে,

টাল বাহানায় পিছনে ধাই।

নং- ৮১ *বৃন্দাবন গোপি, ভক্তি ভাব মতি, নাই কাম প্রতি, প্রেম অনুরাগ,*

বৃন্দাবন গোপি, ভক্তি ভাব মতি, নাই কাম প্রতি, প্রেম অনুরাগ,

কেউ করে পূজন, কেউ করে ভজন,

প্রেমের টানে কৃষ্ঞে, ধরাই প্রকাশ।।

বাহ্য দৃশ্য দেখে, কু-মনে গাঁথ, মানব জীবন কাব্য নয় জেনে রেখ,

তনু মন প্রাণ, কৃষ্ঞে করে দান,

ভিন্ন নয় গোপি, কৃষ্ঞ অনু দাস।।

নিঝুম রাতে বনে, স্বামি সঙ্গ বিনে, শতশত গোপি,

গেল কী কারণে, মনে মনে ভাব, নিন্দা করো নাকো,

62

ধূলোর গান

কৃষ্ণ বিনে তোমার, কি আছে আশা।।

ধূলোক্ষ্ক্যেপা আশা, দেখিবার প্রত্যাশা, রাস কুঞ্জ খাসা নিরাস আজ,

পুরুষ হলে তারে, ধাঁধা পরে দাঁড়ে, না মান যদি, হবে রে বিনাশ।।

নং- ৮২ ভাগ্যে বিধির লেখা, খণ্ডাইবে কেবা, কৃষ্ণের পিতা দেখ বন্দী কারাগারা।

ভাগ্যে বিধির লেখা, খণ্ডাইবে কেবা, কৃষ্ণের পিতা দেখ বন্দী কারাগারা।।

সপ্ত সন্তান তার, কংসের হাতে মারে,

অষ্টম গর্ভে জন্ম, পালন যশোদার।।

নিজ ভগ্নি কংসের, দেবকী আদরের, ভুলে গিয়ে দাদা বন্দি করে তারে,

মুছিবে কে লেখা, দৈব বাণী যথা, মৃত্যু হবে কংসের হাতে ভাগ্নার।।

গোকুল নগরী রাক্ষস প্রেরণ করি, মারিল শিশু নয় তার বৈড়ি।

বাঁচার তাগিদে মারে যারে তারে

কৃষ্ণ যে তোরে আদরে সবার।।

ধূলোক্ষ্ক্যেপা নয় ধর্ম গ্রন্থে কয়, বিধির বিধান খণ্ডাইবার নয়,

ধবংস হল কংস, ঘটিল বাহু যুদ্ধ, কৃষ্ণ যে প্রভু বিশ্ব মাঝার।।

নং- ৮৩ *রসে ভরা নিতাই গোরা, নেচে নেচে যায়,*

রসে ভরা নিতাই গোরা, নেচে নেচে যায়,

নদীয়ার পথে পথে হরিনাম বিলাই।।

রসের ভারে রস নিবি আয়, নয়দ্বীপের এই নদীয়াই,

ভারে রস কানাই কানাই, একই দেহে কানুরাই।।

নদীয়ায় বাড়ি হতে, এল যারা বাহির পথে,

নিতাই গৌড় নিত্য দেখে, পথেই চেতন হারাই

ধূলোক্ষেপ্যা বুদ্ধি কষে, ধ্যানে বসে দেখার আশে,

কখন গোড়া হৃদে নাচে, আঁখি জল ফুরাই।।

নং- ৮৪ *এলোরে এলোরে প্রেমের, ব্রজের কানাই*

এলোরে এলোরে প্রেমের, ব্রজের কানাই

কালো বরণ নইরে সেথা, নদের নিমাই।।

গৌড় বরণ রূপ ধরি, মজিল রে গৌড়হরি,

ধূলোর গান

দুর্বলেরে বক্ষে ধরি, প্রেম তরীতে দিল ঠাঁই।।

মুখে বলে হরি হরি, ধূলাই দেয় গো গড়া-গড়ি,

প্রেমের কানাই চেতন হারাই, কবিরাজী দাওয়াই নাই।।

ধূলোক্ষ্যেপা গুরু ধরগে,

প্রেমের তত্ত্ব বুঝবি তবে,

নইলে জীবন বৃথা যাবে, পড়ি এই ভবের মায়ায়।।

এ কেমন বোল, হরি বোল হরি বোল

বেঁধেছে গোল নদিয়ায়

নিতাই গৌরের দুই বাহু তুলি, নেচে নেচে নিত্য বেড়াই।।

নাম নিবি আয় জগাই মাধাই,

ভুলে এই নাম ভোলা কী যায়,

তোদের তরে প্রাণ কাঁদে ভাই, আয় আয় নাম প্রাণ ভরে গাই।।

রাজা উজির দীন দরিদ্র ফকির, গান গেয়ে নাম বলছে আজি

নামের মাঝে লুকায়ে নামি দেখ তারে নিত্য লীলায়।।

ধূলোক্ষেপা বেলাই বেলাই, বল রে হরি কণ্ঠ মিলাই,

তালে তালে পা ফেলে, গৌড়ুর নাচ শিখে আয়।।

নং- ৮৬ *কৃষ্ণ প্রাণ কৃষ্ণ ধন, কৃষ্ণ আমার গলার মালা,*

কৃষ্ণ প্রাণ কৃষ্ণ ধন, কৃষ্ণ আমার গলার মালা,

কৃষ্ণ হীনা প্রাণ বিনা, দেহ রহে না।।

সর্ব অঙ্গে লিখি হরি, জপের মালাই জপ করি,

কৃষ্ণে তবু না হেরি নয়নে জল ধরে না।।

শুদ্ধ ভক্তি দিয়ে হরি, গলাই জরি নামা বলি,

পূজা পাঠ নিত্য করি, হরি করোনা বঞ্চনা।।

ধূলোক্ষেপা নেই ক্ষমতা, অনাদি কাল বসে থাকা,

জানি প্রভু ক্ষনেক ভক্তের, শুদ্ধ প্রেম জাগে না।।

ধূলোর গান

নং- ৮৭ *কী অপরাধে অপরাধী আমি, হরি হে তুমি গেলে ছাড়ি*

কী অপরাধে অপরাধী আমি, হরি হে তুমি গেলে ছাড়ি

নয়নের বাড়ি সম্বল করি, ছাড়িলেম আজি এঘর বাড়ী।।

বিষয় সম্পদ মানিয়া বিষবৎ, ছাড়িয়া আপদ হরি করি দোষর,

তোমা বিনে হায়, আর কি বা চাই

হরি তুমি আমর জীবন তরী।।

মান অপমান করিয়া সমান, হরিগুন গান গাই অবিরাম,

পথে পথে ঘুরি, ভিক্ষা মাগি দ্বারে,

তবু কেন হরি সুখ নিলে হরি।।

ধূলোক্ষ্যেপা মন করিয়া সমর্পন, শ্রীহরিপদ করিতে সেবন।

অপরাধ হর হে ভূবনেশ্বর, তুমি বিনা জীবন কেমন ধরী।।

নং- ৮৮ *সহজ পথ দেখাই গোরা, দূত যাবি সঙ্গ পাবি,*

সহজ পথ দেখাই গোরা, দূত যাবি সঙ্গ পাবি,

সহজ পথ দেখাই গোরা, দূত যাবি সঙ্গ পাবি,

প্রভাত পাল

শ্রী মধুসূধনের যেথাই ডেরা।।

কর্ম তোমার চলবে করে, মুখে শুধু নাম নাও গো তাঁরে,

গোরা বলে নাম অন্তরে গেলে, নয়নে ঝরে অশ্রুধারা।।

যাগ যজ্ঞের কষ্ট বিধান, গোরা করিল সহজ সমাধান।

নাম যজ্ঞে দাও মন প্রাণ হরিরে তুই জগৎ সেরা।।

কলি যুগে নাম ভিন্ন, গতি নাই নাই জেন,

জগৎ পতি শ্রী কৃষ্ণের প্রাণে, সদাই বহে প্রেমের ধারা।

ধূলোক্ষ্যেপা চরণ ধরে, শ্রীরাধা কৃষ্ণের গোরাই হেরে,

পতিতে উদ্ধারের তরে, জন্ম নিলেন শচীর লালা।

নং- ৮৯ *সরল না হলে ক্ষ্যেপা হরিমেলে না,*

সরল না হলে ক্ষ্যেপা হরিমেলে না,

সহজ হবি দেখতে পাবি হরির রাঙ্গা চরণ খান।।

আঁক বাঁকা মন দেওয়ালে, যায় না কিরণ আত্মতলে,

অহংকারে ঘোরে ফেরে পায়না আলোর ঠিকেনা।।

ধূলোর গান

ভক্ত বলে করিস প্রচার, বাঁকা কেন আচার বিচার,

দেব দেবীর ঘৃন্য প্রচার কেন করিস ভক্ত প্রাণা।।

হরিহর এক আত্মা, সেই হরে তোর পূজাই মানা

চরণ লভি গিরি ধারীর শাস্ত্রে এমন কহে না,

ধূলোক্ষ্যেপা চুপটি করে, বসে শাস্ত্র শ্রবণ করে।

প্রবচন ভক্তে বলে, আমি থাকি আনমনা।।

নং- ৯০ কয় জন পাগল মিলে গোল করে, মাতালো গো
নদীয়া,

কয় জন পাগল মিলে গোল করে, মাতালো গো নদীয়া,

এ কেমন পাগল তারা, মাথা নেড়া।।

অদৈত্য ভিন্ন পাগল, কেশ না মোড়াই,

নেড়া পাগলার সঙ্গে গিয়ে, হরিনাম বিলাই,

নিত্যানন্দ নব আনন্দ, গৌরাঙ্গ সঙ্গ করা।।

জাতি ধর্ম নাই সেথা, গাই পাগলের বোল,

ভিন্ন মতে কেউ চলে, করে গণ্ডগোল,

প্রভাত পাল

জগাই মাধাই দুই ভাই, কাটাই পাপের ফাঁড়া।

ধূলোক্ষ্যেপা কেমন মজা, দেখবো বলে আমি,

নবদ্বীপের পথে ধাই, সাধু সন্তে নমি,

কী জানি গো, হতাশ হয়, নয়নে জল ভরা।।

নং- ৯১ *বল্‌, কে পড়ালো মায়ের গলে জবা ফুলের মালা*

বল, কে পড়ালো মায়ের গলে জবা ফুলের মালা।

তারে ধন্য বলি প্রণাম করি, তিনি কোন ভুবনের বালা।।

বসন লয়ে ভক্তিমতি, পড়ায়েছে পরিপাটি,

ভূষণগুলি অঙ্গের জ্যোতি, বিচ্ছুরিছে আলো।।

চুল বাঁধি মুক্তামালে, বেণী দুই দুই পাশে দোলে।

চতুর্ভুজে দিল পড়ায়ে সুবর্ণের বালা।।

চরণ তলে আলত করে, রাঙ্গিয়ে দিল ভক্তি ভরে

নূপুর দিল দুই পায়ের জোড়ে, জবা ফুল ডালা।।

ধূলোক্ষ্যেপা নয়ন জলে, ধুয়ে দিবে পদ যুগলে,

শিবের পাশে শিবানী যাচে, নইলে মা চঞ্চলা।।

নং- ৯২ প্রাণ ভরে গাইবো শুধু কালী কালী নাম্,

প্রাণ ভরে গাইবো শুধু কালী কালী নাম,

কালী নামে ধুয়ে যাবে, মনের কালি অহং মান।।

কালী নামের প্রেম সুধা, পান করেগো সাধক যারা

নামেই মেটে মনের ক্ষুধা, গাও শ্যামার গুনগান।।

কালী নামে চেতন আনে, কালী নামে প্রেম দানে,

কালী নাম জনে জনে, শোনাও কবি অবিরাম।।

কালী নামে মুক্তি মেলে, ত্রিতাপজ্বালা যাইরে চলে,

ধূলোক্ষ্যেপা কন্ঠ ভরে, কালী নামের কীর্তন করে।

আপন মনে মনের ঘোরে, প্রেমের ভাবে ভরুক প্রাণ।।

নং- ৯৩ দুর্গা দুর্গা দুর্গা নামে, দুর্গতি যায় দূরে,

দুর্গা দুর্গা দুর্গা নামে, দুর্গতি যায় দূরে,

তবে কেন জপবী নারে সারা জীবন ধরে।

দশ পহরন ভেরী দস্যু ত্রাসে মরে, দশদিক আরাল করে মা,

অভয়া রূপ ধরে সন্তানের রক্ষাব্রত, নিল স্নেহ ভরে।

সর্ব ইচ্ছা পূর্ণকারী সেই যে আমার মা, তার নাম জপে ব্রজের

ব্রজললনা, ত্রিদেব জপে অবিরত নিজের মত করে।

ধূলোক্ষেপ্যাপার মনবাঞ্ছা রহি চরণে, তোমা হতে দূরে যেন

না হয় জীবনে, ধন্য হবে মানব জীবন মাতৃ নামের জোরে।

নং- ৯৪ মাগো কালো বলে ভোলা তোরে, দিয়েছে কী গালি,

মাগো কালো বলে ভোলা তোরে, দিয়েছে কী গালি,

ত্রিনয়নে ভোলা কী মা, পরেছে চোখে ঠুলি?

নেশাই ভোলা দেখে আঁধার, মাথায় তার নিল বেগার,

ভোলা এখন নেই মা ভোলাই, জ্ঞান গিয়েছে চলি।

ভাঙ্গলে নেশা সঙ্গ তৃষাই, তোর ধরবে পায়ে রাখ ভরসা,

ছেলে হয়ে দিলেম কথা, যাসনে যেন তুলি।

ধূলোক্ষেপ্যাপা তোর চেনে, যার অঙ্গ জ্যোতি সূর্য জিনে,

আদ্যা শক্তির অভয় বিনে মৃত্যুঞ্জয় অচেতন কেবলি।

ধূলোর গান

নং- ৯৫ মা গো, কালো হলেও ভালবাসি, ভুবন মহিনী,

মা গো, কালো হলেও ভালবাসি, ভুবন মহিনী,

গভীর রাত্রি ঘন কালো ভাল বলে সাধক যিনি।।

মা কী কখনো হয়রে কালো ছেলে দেখে চাঁদের আলো,

মায়ে-পোয়ে মিলে মিশে রইবে না আর বেচি কিনি।।

শিব যদি মা কালো বলে, আসবি চলে আমার ঘরে,

যতন করে রাখব তোরে, ছাড়ৰ নে মা শিব ঘরনী,

মা-কী আমার সত্যি কালো, অঙ্গের জ্যোতি জগৎ আলো।

মা, কালি অঙ্গে মেখে নিল, ছেলে যানে স্বরূপ খানি।।

ধূলোক্ষেপ্যপা নয়ন গেল, দিনেই হেরে রাত্রির কালো।

দাও মা আমাই দিব্য আলো, অলোই যেন ভরে রজনী।।

নং- ৯৬ অন্ধকার নাশিনী ব্রক্ষবিদ্যা স্বরূপিনী চিদানন্দ ময়ী শ্যামা মাগো আমার,

অন্ধকার নাশিনী ব্রক্ষবিদ্যা স্বরূপিনী চিদানন্দ ময়ী শ্যামা মাগো আমার,

73

প্রভাত পাল

হৃদয় পদ্মে তুমি কর মা বিরাজ।।

সদ্ চিৎ আনন্দে তুমি কল্পিতা, তুমিই বিদ্যা লক্ষী স্বরূপা,

আনন্দময়ী মা গো নিত্যমুক্তা, প্রণতী জানাই দূর্গে চরণে তোমার

ত্রিগুন ধারিনী উমা, বিজয় বিলাসিনী, সদানন্দ রই যেন,

মোর মন খানি, জয় দাও নিত্য, ভজি তোর পা দু-খানি তোমার মহিমা

তুমি কর মা প্রকাশ।।

নং- ৯৭ মা শব্দ মধুর এমন, বুক ভরা হৃদয়ের ধন

মা শব্দ মধুর এমন, বুক ভরা হৃদয়ের ধন

মমতা মাখানো মন, যার তুলনা নাই,

অন্তর ভরিয়া উঠে যার গুন গায়।।

পশু পাখির কলরব শুন মন দিয়া

অনেক পশু ডাকে মা মা বলিয়া।

মা ভিন্ন তাদের আত্মীয় কেহ নাই

জন্মের কথা তুমি মনে কর,

কত কষ্টে মা তোমায় করেছে বড়,

নয় মাস দশ দিন গর্ভে রেখে, কেটেছে দিন মার কত ভাবনায়।।

ধূলোর গান

সেই মার বুকে তুমি, ব্যাথা দিওনা।

পাপে ভড়ে যাবে তোমার অন্তর খানাই।।

ধূলোক্ষেপা বলে মার সেবা করিও, শান্তিতে ভড়ে উঠে হৃদয়
খানাই।।

নং- ৯৮ (জয় জয় মা দূর্গা)

(জয় জয় মা দূর্গা)

ঢাক বাজে কাসর বাজে সকাল দুপুর সাঁঝে

দূর্গা মা এল আজি কলা বৌ-এর সাজে।।

নতুন নতুন জামা পড়ে ছোট শিশুর দল,

কলা বৌ দোলায় আনি, ঘাটে সবাই চল,

ঢাকের বাদ্যে ধুনোর গন্ধে, আনন্দে গা মাতে।।

ঘটা করে পূজি মোরা মায়েরই চরণ,

দুর্গা মা'র আশীর্বাদে দুঃখ হল হরণ,

পাবে শান্তি সুন্দর কান্তি, গৃহস্থলির মাঝে।।

ধূলোক্ষেপা কাসর রাজা পালাস কেন রেগে,

দুর্গা মা'র পূজার লাগি যাত্রা হবে রাতে

দেখার লাগি ছেলে বুড়োর খুশির ঢল লাগে।।

নং- ৯৯ সন্ধি পূজা আই দেখে যা, বেদ মন্ত্র উঠে ধবনি

সন্ধি পূজা আই দেখে যা, বেদ মন্ত্র উঠে ধবনি

এসেছে মা দূর্গা ভব তারিণী।।

সিংহ পৃষ্টে বসে উমা রণ রঙ্গিনী

অসুর নাশিনী তিনি ভবের ভবানী

দশ হাতে দশভূজা, ধরা রক্ষা কারিনী।।

শঙ্খ বাজাও উলু দাও যতনে উমা ঘরে নাও

রইলে ঘরে লক্ষী রানী সুখে থাকে ঘরনী,

ভব দুঃখ যাবে দূরে প্রণমী মা প্রণমী।।

চরণ তলে বসি উমার শান্ত করি মন,

দেহের রিপু জয় করি হেরিবো ত্রি-ভূবন,

রইবে না আর কোন বাধা, হৃদয় মা জননী।।

ধূলোর গান

নং- ১০০ কালী ঘাটে নাইরে কালী, দক্ষিণেশ্বরে ভবানী,

কালী ঘাটে নাইরে কালী, দক্ষিণেশ্বরে ভবানী,

ভাব জমা তুই মন মাঝে, হৃদে হেরিবি শিবানী।

তারাপীঠে তারা খুঁজিস, গিয়ে কষ্ট করি,

চোখ ফেরা তুই হৃদয় মাঝে, বসত শঙ্করী,

নিজের ঘরে বসতি মার, কেন বাহির দ্বারে কাঁদুনী।।

স্বর্গ মর্ত পাতাল ভাবিস, করিস হাহাকার,

অন্তরে বসতি শ্যামার পূজো বার বার।

ভক্তি দিলে তুষ্টি মেলে, ভবের ভবানী।।

ধূলোক্ষ্যেপা যাই কোথাই, হৃদয় যে তার ভার

অন্তর মন্দিরে মার, বন্ধ রই দ্বার,

দ্বার খোল ও মা কালী, বিপত্তারিণী।।

নং- ১০১ এ কেমন বিচার শ্যামা বোঝা বড় দায়,

এ কেমন বিচার শ্যামা বোঝা বড় দায়,

কারে কর রাজাধীরাজ কেউ বা ভীক্ষা চাই।।

যে জন তোমার চরণ মাগে নিত্য ধ্যানে নিমগ্ন থাকে,

তারে তুমি দূরে ঠেলে, কালের কলে কর পেষাই।

ধনী জনে মন্দির কেনে, বিপনন সামগ্রী জেনে,

তারে শ্যামা কী কারণে, চরণে দাও ঠাঁই।।

ধূলোক্ষেপ্পা চুপটি করে, ঘরের কোণে কেঁদে মরে,

বুঝিনে মা কী অভাবে, তোর দেখা নাহি পাই।।

নং- ১০২ ছিঃ ছিঃ শ্যামা চোখ কি নাই, করলি একি কর্মটাই,

ছিঃ ছিঃ শ্যামা চোখ কি নাই, করলি একি কর্মটাই,

শিবের বুকে পা দিয়ে তুই, পড়লি কিবা লজ্জায়?

ভোলা খেয়ে ভাঙ্গ ধুতুরা, পড়ে থাকে হেথা সেখা

ধূলোক্ষেপ্পা চাই পদতল, ঝরালো শ্যামা চোখের জল,

কোলে মা তুই নাই বা তোল, সাজা যেন নাহি পাই।।

নন্দি ভিঙ্গি আছে সঙ্গি, কারো বারণ নেই না,

তাই বলে কী ওমা কালী, এমন সাজা ভোলাই মানাই।।

মেয়ে হয়েও মেয়ে তো নয়, রণাঙ্গনে ঘুরে বেড়াস,

ধূলোর গান

অসুরে করি সর্বনাস, অট্টহাসি তোরেই মানাই।।

নং- ১০৩ *মা যে আমার অবুঝ মেয়ে, বোঝাই সাধ্য কার,*

মা যে আমার অবুঝ মেয়ে, বোঝাই সাধ্য কার,

এলো কেশে ল্যাংটা বেশে, ব্রহ্মাণ্ডে খেলা যার।।

ভাঙ্গা জোরা নির্মাণ করা, নিত্য খেলা ও মা তারা,

কর্ম যে তার জগৎ জোরা, ধার ধারেনা অলঙ্কার।।

চিন্তা করি চিন্তামণির, মা দেব-দেবীর মাথার মণি,

পা দু-খানি হৃদি পদ্মে আনি, পূজবো মাকে বারবার।।

ধূলোক্ষেপা নোয়াই মাথা, ব্রহ্মাণ্ডে যিনি সবার মাতা,

মা যে ত্রিতাপ জ্বালা পরিত্রাতা, তবু শ্যামা নিরবীকার

নং- ১০৪ *দেখ রে চেয়ে কে দাঁড়ায়ে, অপরূপ এই যে মেয়ে,*

দেখ রে চেয়ে কে দাঁড়ায়ে, অপরূপ এই যে মেয়ে,

অঙ্গ বেয়ে জ্যোতি ছুঁয়ে, গগন চুম্বে শিরত্রাণে।।

চতুর ভূজা সনাতনি, নিত্য জ্ঞান প্রদায়িনী,

প্রভাত পাল

ভবের ভবানি তিনি, নাম লহ নিজ অঙ্গনে।।

বিপদ কালে শরণ নিলে, কাল সরে গো এক পলে,

নমি মায়ের রাঙা চরণ তলে, শমনে আর ডরিনে।।

ধূলোক্ষ্যেপা বলি তোরে মাকে রাখ নিজ অন্তরে,

ভোলা কথাই আর ভুলিসনে, নাম জপ তুই মনে মনে।।

নং- ১০৫ সাধলি কীরে ওরে পাখি, কালী কালী দুর্গা তারা

সাধলি কীরে ওরে পাখি, কালী কালী দুর্গা তারা

গোনা দিন তোর গেল বয়ে, যমের হাতে পরবি ধরা।।

বকর বকর করে গেলি, কু-কথাই মন মজালি

ভবানি রে না ডাকলি, কারে দিবি তরীর ভাড়া।।

গায়ের জোরে মিথ্যা বলে, লোক ঠকালি দিন দুপুরে,

বুঝলি নারে কীসের ফ্যারে, যমদূতে করবে তারা।

ধূলোক্ষ্যেপা দিনের বেলাই, হারাল পথ দিশা না পাই

মায়ের পায়ে হুমরি পরি, বলি মা গো আমাই তরা।।

ধূলোর গান

নং- ১০৬ *কী নিবি আর মা শ্যামা, পড়বি কত গহনা,*

কী নিবি আর মা শ্যামা, পড়বি কত গহনা,

তোর রূপের ছটাই, ভোলার ধ্যান ছুটে যায়,

অলঙ্কারে করিস নে আর বায়না।।

স্বর্গ মত পাতাল খুঁজে, তোর পায়ের তোরা বানালো কে।।

যার সুর শুনি মন পেতে শুনে শ্যাশান বাসী পাতি ত্রিনয়না

যার জ্যোতি দেখে পূর্ব পিছে নমন করে মাতৃ স্বরূপে,

তার আবার সাজ পোশাকে, কী থাকে বল বাসনা।।

ধূলোচ্চোপা দ্বারে দাঁড়াই, রাত্রি জাগি চোরের ঠেলাই,

মা'র গহনা বুঝি এই চুরি যাই,

মাগো হওনা নিরাভরনা।।

নং- ১০৭ *মা গো তোমার মন্দিরে আজ প্রেমিকের মেলা,*

মা গো তোমার মন্দিরে আজ প্রেমিকের মেলা,

শত শত প্রেমিক জুটি, জুড়িল খেলা।।

কেউ বা প্রেমিক জটাধারী, কেউ দেখ সেজেছে নারী,

81

ল্যাংটা হয়ে উদম গায়ে, তারস্বরে জয় তারা বলা।।

শুয়ে শুয়ে মন্দির ঘোরে, কেউ দু-পা উর্দ্ধে তুলে,

কেউ আবার দৌড়ে দৌড়ে, এক পায়ে কেউ বা ধারা।।

ধূলোক্ষ্যেপা প্রেমের টানে, যাই কালী দরশনে

জন্ম তার ভাগ্যগুণে, বীরভূমে বেহিরা কালীতলা।।

*নং- ১০৮ চরণ তোমার দাও মা ছুতে, অদ্ভুত আমি নয় মা-
তারা,*

চরণ তোমার দাও মা ছুতে, অদ্ভুত আমি নয় মা-তারা,

কালী, কালী, কালী বলে হৃদয় আমার ধৌত করা।।

দীর্ঘ দিনের দীর্ঘ আশা, মন মন্দিরে মা নেবে বাঁসা,

আশা আমার হ'ল নিরাশা, হৃদে ব্যাথা তুই মা তারা।।

সাধন করে পাব তোমাই, মিথ্যা গৌরব আমার যে নাই,

যুগ যুগান্তের কঠোর সাধনাই, মিলাই না কালীর ইচ্ছে ছাড়া।।

একটু যদি কৃপা করে, ধূলোক্ষ্যেপাই দিস মা বলে,

কী নামে মা ডাকিলে তোরে, সহজে দিবি গো সাড়া।।

নং- ১০৯ *মা গো আমার দুটি নয়ন, খোঁজে শ্যামের চরণ তলু*

মা গো আমার দুটি নয়ন, খোঁজে শ্যামের চরণ তল,

বল মা শ্যামা কী পাপের ফল, বিফল আমার কর্ম ফল।।

দীন দুখির তুই মা তারা, পাপ হরা কাল তরা,

আমি অকালে তোর দিলাম নাড়া, দে মা সাড়া করিসনে ছল।।

কে জানে আমার কী অভাবে, স্বভাব যে তোর গেছে বেঁকে,

নেচে নেচে আয় মা হৃদে, চিত্ত আমার বড়ই চঞ্চল।।

ধূলোক্ষেপা মাগে ভীক্ষা, বড় নই গো ও বরদা,

তোর চরণ চাই ধরিতে পিঞ্জরাই, রেখেছি হৃদে শতদল।।

নং- ১১০ *বল মা শ্যামা বল, করিস নে তুই ছল*

বল মা শ্যামা বল, করিস নে তুই ছল.

আমার মন চঞ্চল দেখা দিলি কই,

শ্মশানে ঘুরিস শিব সঙ্গে, কী জানি কী আনন্দে,

ছাই মেখে সোনার অঙ্গে ভৈরবী তুই কারে দিতে অভয়।।

মা নই যেন ছেলে ধরা, সাজ কেন তোর এমন তারা,

মুন্ডমালা খর্গ ধরা, বিপরতা ভাব বিনিময়

ধূলোক্ষ্যেপা ভয় করিস নে, মনে মনে মাকে ডাক গে,

শ্মশান চিতাই শোবার আগে, শ্যামা দিতে আসবে অভয়।।

নং- ১১১ *মা গো তোমার চরণ তলে সপিলাম দুই নয়ন তারা,*

মা গো তোমার চরণ তলে সপিলাম দুই নয়ন তারা,

এখন ভালোই ভালোই মেটে মা গোল, যদি তুই দিস মা সাড়া।।

মা-বেটার মন কোন্দল লোক, জানিয়ে কী হবে বল,

নিন্দা রটে ভব মাঝে, বলবে আমাই মাতৃ হারা।।

কালজয়ী তুই মা-তারা, ক্ষণ কালেই আমি মরা,

দুই দণ্ড তুই সামনে দাড়া, মরা তখন দেবে সাড়া।

ধূলোক্ষ্যেপার তুই আশা, মা বেটার দ্বন্দ্ব ঘোচা

কয় দণ্ড আর রইব হেথা, সরা মা তুই হাতের খাড়া।।

নং- ১১২ আমি সব ছেড়েছি তারি লাগি ছারিনে তোর রাঙা চরণ,

আমি সব ছেড়েছি তারি লাগি ছারিনে তোর রাঙা চরণ,

মন বলে ভাই ছাড়িস নে পাই, আছে রতন মিলবে রে ধন।।

সকাল সন্ধ্যা মালা গাঁদি, নিত্য তার পূজার লাগি,

যা জোটে দিহ ভোগ আরতি, আমার মন করি মন্থন।।

সদা সত্য উপলব্ধ, চোখ বুজিলে পাবে তত্ত্ব,

ত্রি-নয়নি জ্যোতির মধ্যে নাচের মা কালের নাচেন

ধূলোক্ষেপা জ্যোতির ধারা, মুজিলে নয়ন পাই কি তারা?

সারা হৃদে জঞ্জাল সরা, ঈষ্ট তখন দেবে দরশন।।

নং- ১১৩ কে তোরে মা সাজালো বল হিসাব কষে রূপ ঢেকে,

কে তোরে মা সাজালো বল হিসাব কষে রূপ ঢেকে,

তোর রূপের ছটায় চোখ মেলা দায়, নিলি তাই ভস্ম মেখো।

দিগম্বরী সাজালো কে, শাড়ীর কি তোর অভাব আছে

প্রভাত পাল

আকাশ হতে আকাশ গঙ্গায়, ঢেকে নে অঙ্গটাকে,

মুক্তা মালা দেই নি গলাই, মুণ্ড মালা কে গেঁথেছে,

মা'গো ইচ্ছা করে ইচ্ছা ময়ি, ছেলের কাছে ভাব ঢেকেছে।।

ধূলোক্ষেপ্যাই দিস না ধোকা, বোকা মা সে অতি বোকা

চরণ শরণ বিনে তারা, সকলি সে ত্যাগ করেছে।।

নং- ১১৪ মা-কে ডাক রে মন ঘরে বসে, কত আর ঘুরবি পাকে

মা-কে ডাক রে মন ঘরে বসে, কত আর ঘুরবি পাকে

কলুর বলদ হয়ে চোখ ঢেকে।।

জননী গো দয়াল তারা, ডাকলে তোরে দেবেই সাড়া,

মায়ের করাল ভয়াল রূপ দেখে তুই, পালাস না রে পিছন হতে।।

চতুর ভূজা এই যে তারা, অন্তরে তার দেহের ধারা

সন্তান স্নেহ জগৎ জোড়া, কোলে নেয় মা কর্ম ফেলে।।

ধূলোক্ষেপ্যার কর্মে হেলা, ধৈর্য্য হারা মন মরা,

শেষের দিন এগিয়ে এলে, মুক্তির দ্বার রাখিস খুলে।।

নং- ১১৫ কে দিল মা রক্তজবা, তোর রাঙ্গা পদ তলে,

কে দিল মা রক্তজবা, তোর রাঙ্গা পদ তলে,

লালে লালে মিলে মিশে, যেন শিশু সূর্য খেলে।।

পদতলে পঞ্চানন, বিচিত্র সুখে নিদ্রা মগন,

শিবের বুকে কমল চরণ, ত্রিনয়ন গেছে খুলে।।

কপালে মার চন্দ্রবিন্দু নক্ষত্র সারা গায়,

জ্যোতিরময়ী মার অঙ্গে, কোটি সূর্য শোভা পাই,

এলো চুল দিল মেলে, এই আকাশ তলে।।

ধূলোক্ষেপা দেখবে শোভা, হৃদয় খুলে আয়নাই,

অনন্ত ব্রহ্মাণ্ড যিনি, তারে কী গো চেনা যাই,

নমন করি শ্রী চরণে, চতুর বর্গ ফল মেলে।।

নং- ১১৬ রাঙিয়েছি মন রাঙা জবায়, দেব আমি মা'র পায়,

রাঙিয়েছি মন রাঙা জবায়, দেব আমি মা'র পায়,

সুখ শান্তি অশুভ ভ্রান্তি, মা নেবে মোর সকলি দায়।।

প্রভাত পাল

শুনেছি মা বড়ই দয়াল, চাইলেই পাই যে যার কাঙ্গাল,

আমার ধন মান গিয়েছে হারাই, চায় মা তোর রাঙা পায়।।

ব্রহ্মাণ্ড জোড়া মার খ্যাতি, অন্ধকারে আলোর জ্যোতি,

মোর জ্ঞান ঘিতে জ্বালায়ে বাতি

ডাকি নিতি নিতি শ্যামাই।।

নং- ১১৭ আত্ম নিবেদন করেছি রে মন, শ্যামা পদ ধন আকাঙ্ক্ষায়,

আত্ম নিবেদন করেছি রে মন, শ্যামা পদ ধন আকাঙ্ক্ষায়,

না যদি পাই দেখিতে তোমায়, রটিবে শ্যামা মা বুঝি নাই।।

দূরে দূরে কেন থাকিবে শ্যামা, ছেলের বেদনা কী ঘুচাইবে না,

সাগর মাঝারে সাতরে পাতরে, অবশেষে ক্লান্তি মৃত্যু ঘণায়।।

কামিনী কাঞ্চন মদমত্ত ছেলে,

কে নেবে তাদের আদরে কোলে, তবুও অভয় মার ঘরেরই

কিসের ভয় শমনে পাই।।

ধূলোক্ষ্যেপা সনে, করো না বঞ্চনা,

ধূলোর গান

চাইনে শ্যামা তোমার ধন চাই না,

নিবেদন শুধু মোর, মা, রাঙা চরণ যেন

মরণে মিলাই।।

নং- ১১৮ *বিপত্তারিনী উমা ঠাকুরানী, থাকিবে তুমি, কই দিন ধরাই*

বিপত্তারিনী উমা ঠাকুরানী, থাকিবে তুমি, কই দিন ধরাই,

আজি বিজয়া দশমী ফিরে যাবে তুমি,

নয়ন জলে মোরা দেব গো বিদায়।।

শিবের ঘরণী ওমা শিবানী, বিদায় নেবার আগে, শোন বা বাণী,

এই ধরা ধাম, কর মা মহান, চরণে তোমার মাথা নোয়াই।।

মানব বন্ধনে কোলাকুলি সনে, গঙ্গার তীর ধরি, চলি মা বিষয়ে,

বিদায়ী বাদ্যে, ঢাক ঢোল বীণে, তোমা বিনে আজি মন ভাল নাই।।

ধূলোক্ষেপ্যার মনে কোন ক্লেশ নাই,

মা যে হৃদে দিবা নিশি রই,

মন্দিরে যাই মা'র দেখা পাই, দুঃখ বেদনা যায় ভোলায়।।

প্রভাত পাল

নং- ১১৯ শব্দে উঠুক ধ্বনি শুনাও অভয়বানী,

শব্দে উঠুক ধ্বনি শুনাও অভয়বানী,

ওমা জননী লক্ষ্মী ঠাকুরাণী।।

গৃহে আনি মাকে যতন করি, পূজা দিব তারে হৃদয় ভরি,

আল্পনা দিলেম মা'গো উঠান জুড়ি, ভরিয়ে দাও গোলা অভয় দানি।।

দিকে দিকে আজি করুণ কাহিনি, দুঃখ জ্বালা এলো ধরাই নামি,

শান্তি আসুক ফিরে বড় দানি, মা গো তুমি যে বিপত্তারিনী।।

ধূলোক্ষেপ্যা হৃদে আসন পেতেছে, প্রদীপ জ্বালিয়ে দিব জ্ঞান ঘৃতে।

মা লক্ষ্মী পূজা হবে আজ রাত্রে,

তোমরা দাও মাকে পুষ্পাঞ্জলী।।

নং- ১২০ কে তোরে মা দেখল বল, দেয় গো-রূপের বর্ণনা,

কে তোরে মা দেখল বল, দেয় গো-রূপের বর্ণনা,

কালো তারা বললে আমাই, বুকে ধরে যন্ত্রণা।।

বিশ্বজুড়ে রূপের ছবি, কোথাই তারে কালো দেখিস,

ধূলোর গান

কালো মা'র এলোচুল, অঙ্গ জ্যোতি অনন্যা।।

আদি ভূত মা যে আমার, ষোড়শী রূপা মায়ের বাহার,

আদি অন্ত কোথাই রে তার, কে বুঝিবে ছলনা।।

ধূলোক্ষ্যেপা মায়ের ব্যাটা, ছলাকরে যাবি কোথাই

কালো হলো অন্যের কথাই, রাগ করে থাকিস না।।

নং- ১২১ *কী অপরাধে অপরাধী আমি, হরি হে তুমি গেলে ছাড়ি*

কী অপরাধে অপরাধী আমি, হরি হে তুমি গেলে ছাড়ি

নয়নের বারি, সম্বল করি, ছাড়িলেম আজি এ-ঘর বাড়ী।।

বিষয় সম্পদ মানিয়া বিষবৎ, ছাড়িয়া আপদ হরি করি দোষর,

তোমা বিনে হায়, আর কি বা চাই

হরি তুমি আমার জীবন তরী।।

মান অপমান করিয়া সমান, হরিগুন গান গাই অবিরাম,

পথে পথে ঘুরি, ভিক্ষা মাগি দ্বারে,

তবু কেন হরি সুখ নিলে হরি।।

ধূলোক্ষেপা মন করিয়া সমর্পন, শ্রীহরিপদ করিতে সেবন।

অপরাধ হর হে ভূবনেশ্বর, তুমি বিনা জীবন কেমন ধরী।।

নং- ১২২ তুই যদি মা ছেলে হতিস, বুঝতিস ছেলের কী বেদনা,

তুই যদি মা ছেলে হতিস, বুঝতিস ছেলের কী বেদনা,

মা যদি মা হয় গো শ্যামা, দিতেম না তোরে এ যন্ত্রণা।।

ডাকলে আমায় মা-মা বলে, হাতের কাজ দিতেম ফেলে,

ছুটে এসে নিতেম কোলে, ধামাতেম ছেলের কান্না।।

খেলনা দিয়ে ভুলিয়ে দেব, সে আমার কাজ হত না,

ছেলের আগে কী কাজ শ্যামা, কাজের বালাই যতই থাক না।।

ধূলোক্ষেপা ডাকে শ্যামা, মায়ের কর্ম আর ভুলিস না।

কোলে তুলে নে মা ছেলেই

স্বভাব কী তোর বদলাবে না।।

ধূলোর গান

নং- ১২৩ আমার পথ হল সম্বল,

আমার পথ হল সম্বল,

চেয়েছ মা দুঃখ দিতে, দুখেই বাড়ে মনের বল।।

দু-চোখ বেয়ে বহে ধারা, কৃপাময়ী ও মা তারা,

দাও মা আমাই দুঃখের বেড়া, যেন নয়নে বহে প্রেম জল।।

ছলা করে দিওনা সুখ, সুখেই বাড়ে মনের অসুখ,

নিষ্ঠা তখন পালাই ছুটে, তুই বিনে শ্যামা আমি অচল।।

ধূলোক্ষ্যেপা চোখের জল, ধৌত করি তোর পদতল,

রয় যেন ভাব রয় অটল।।

নং- ১২৪ সর্বভূতে চেতন রূপে, যিনি প্রকাশিতা,

সর্বভূতে চেতন রূপে, যিনি প্রকাশিতা, তিনিই অদ্যাশক্তি দেব জননী দূর্গা।

অসুর নাসিনী তুমি, বরাভয় প্রদায়িনী,
তোমাই নমি মাগো, তোমাই নমি, শান্তি দাও মা তব সৃষ্টি এ ধরা।।

কত নামে প্রকাশিত, তোমার মহিমা

প্রভাত পাল

অনন্ত শক্তির আধার নেই তার সীমা,

দশ দিক আলোকরি, দূর কর তমসা।।

দেব দৈত গন্ধৰ মানব, নাম যার চরণে,

অনন্ত কৃর্তিতার ধূলোক্ষ্যেপা কী বা জানে,

সবিনয় নিবেদন অভয় দাও বরদা।।

নং- ১২৫ *মা মেনকা, কেমন তোমার জামাই ব্যাটা,*

মা মেনকা, কেমন তোমার জামাই ব্যাটা,

ও যে ভূতের রাজা , নিয়ে নিলে জ্বলবে তোমার মেয়েটাই

পরনে তার বাঘ ছাল, জড়ায় অঙ্গে হলাহল,

শ্মশানে শ্মশানে ঘোরে, সঙ্গে তার ভূতের দল,

ঘড়ে তার মন নাই, ভাং খেয়ে ঘুরে বেড়াই,

ধরি মা তোর পায়, জামাই তুমি কোর না।।

মেয়ে তোমার বয়সে ছোট, এই তো কই দিনের হ'ল,

জামাই করবে ঐ বুড়ো, যার বয়সে গাছ পালা নাই।।

ধূলো বলে বুড়ো নয়, ওযে মৃত্যুঞ্জয়,

ধূলোর গান

ধ্বংস লীলা তার হাতে রয়, বিয়ে তুমি দাও না।।

নং- ১২৬ *আমার ভোলা বাবা মাথায় জটা শ্মশানে তে মারে দম,*

আমার ভোলা বাবা মাথায় জটা শ্মশানে তে মারে দম,

ভস্ম মেখে শুয়ে আছে, ডমরু বাজে বম বম।।

বাবার চেলা নন্দি ভৃঙ্গি, বাবার সঙ্গ পেয়ে বেজাই খুশি,

খাওয়া দাওয়া ভাবঁ স্নাটা, লেগেই আছে হরদম।।

(ভোলার) লাজের বালাই দেখি নাই, ল্যাংটা হয়ে ঘুরে বেড়াই,

বাঘ ছালে কী লাজ ঢাকা যায়,

কর্ম কী কর তেমন।।

ধূলোক্ষ্যেপার শ্মশানে মন, যদি বাবার সাথে হয় দরশন

চেয়ে নেব মোক্ষ রতন, কিছুতেই নেব না কম।।

নং- ১২৭ *শিব সঙ্গে অঙ্গে অঙ্গে সুখ মগ্ন সর্বক্ষণ,*

শিব সঙ্গে অঙ্গে অঙ্গে সুখ মগ্ন সর্বক্ষণ,

প্রভাত পাল

ও মা উমা ধরাই আয় না, ব্যাকুল আজি মেনকার মন॥

দুখে দুখে দিন, কাটে সর্বক্ষণ, তোর কথা ভেবে, চিন্তিত মন,

দেখার আশে বসে আছি পথে, উমার আজি দোলাই আগমন॥

নন্দি ভৃঙ্গী সনে, তিন দিন থাক ভোলা,

মায়ের বেদনা, অজন্মা বুঝিবে না,

উমা তোর মার ধৈর্য্য রয়না, নেমে আই তরা আলো করি ভূবন॥

ধূলোক্ষেপ্যা যতনে, গেঁথে রাখে মালা, পদতলে দেব ওমা মঙ্গলা,

মঙ্গল কর মা সাধের এই ধরা, তুমি বিনে অধরা আনন্দ নিকেতন॥

নং- ১২৮ *ছুটির ঘন্টা বাজল রে তোর, ঢং ঢং ঢং, চাটাই
তোলে মিছে*

ছুটির ঘন্টা বাজল রে তোর, ঢং ঢং ঢং, চাটাই তোলে মিছে

গোল করিস নে এখন।

স্ত্রী-পুত্র আত্মীয় স্বজন বড়ই তোর আপন, ছেড়ে যেতে কষ্ট ভীষণ

জনমের মতন, শুনে-নারে নিঠুর সমন, বাধে অকারণ।

মায়া মুক্ষ এই যে ভূবন, ছাড়তে বড় ক্লেশ, সুন্দর ভূবন ছেড়ে

ধূলোর গান

চাইনা যেতে অজানা দেশ, বিধাতারে করি মানা নমি তার চরণ।

ধূলোক্ষেপা জীবন ভ্রমর, কালীর পদে বাঁধ,

কালী নাম মহামন্ত্র হৃদয় তারে সাধা, ভবিনে মা জন্ম-মৃত্যু

ঘটবে রে কখন।।

নং- ১২৯ ও দারোয়ান ভাই, ধীরে ধীরে চালাও গাড়ি পরান বুঝি যায়

ও দারোয়ান ভাই, ধীরে ধীরে চালাও গাড়ি পরান বুঝি যায়,

ফিরে যায় বাপের বাড়ি তারা কিছু নাই।

অনেক কষ্টে বাবা আমার, দিয়া ছিলেন বিয়া, বলেছিলেন স্বামীর ঘরে

থাক সুখে গিয়া, স্বামীর ঘর তোমার ঘড়, মেনে নেওয়া চাই।

ভালো মানুষ ছিল বটে দোষ দিব না তার, চাষ করে

গতর খাইটা চালাইত সংসার, ননদীর জ্বালাই আমি

ছাড়লেম স্বামীর ভেটি টাই।।

ধূলো বলে সংসারেতে অনেক দুঃখই আছে,

ভালো বৌ তুমি ওগো থাক স্বামীর সাথে।

নইলে যে গো জীবনটাই, পুড়বে দুইজনাই।।

নং- ১৩০ ওগো ফুল মালি কেন তুমি গেলে চলি, এ ফুল কানন ছাড়ি

ওগো ফুল মালি কেন তুমি গেলে চলি, এ ফুল কানন ছাড়ি।

কী অভাবে তোমার এভাব, বল তুমি খুলি।

ফুল আর ফোটে নাকি, তোমার ফুল দলে, মালা গেঁথে পাওনি দিতে,

পেয়সীর গলে, প্রেম ভুলি ফুলমালি যেওনা আজি চলি।

সময় ফিরে আসবে আবার, ফুটবে নানা ফুল,

রং বেরং-এর ফুল দলে ভ্রমরা ব্যাকুল, তখন তুমি হৃদয় মাঝে,

প্রেয়সীকে কাছে ডেকে, রাঙতে কুন্তলি।

ধূলোক্ষেপা মালা গাঁথা বৃথা যায় তার, প্রিয় আসি গেল চলে

ঘুমের মাঝার, জেগে দেখি প্রিয়া আসি মালা নিল তুলি।

নং- ১৩১ ছাড়তে হবে এই পৃথিবী মনে বড় ক্লেশ,

ছাড়তে হবে এই পৃথিবী মনে বড় ক্লেশ,

আপন সজন কেউ রবেনা, যাব গো বিদেশ।

ধূলোর গান

সুন্দর এই পৃথিবী, কত আপন ছিল,

পাড়া প্রতিবেশী যারা, বাসত কত ভাল।

চোখ আমার যাই গো ভিজে, মায়ার আবেশ,

ভালবাসার এই পৃথিবী, সুন্দর ময় হবে

মনের মতো গোড়বে তার যারা হেথাই আসবে

আমি তখন নেই গো ধরাই, সময় হয়েছে শেষ।।

শমন তুমি এমন নিঠুর, হইও না গো আর,

কী যে তোমার মনের ইচ্ছে বলে না সবার,

ধূলোক্ষেপ্যপার মনবাঞ্ছা, পুরাও তুমি মহেশ।।

নং- ১৩২ কেন রে তোর চোখের কোনাই, বিন্দু বিন্দু জল,

কেন রে তোর চোখের কোনাই, বিন্দু বিন্দু জল,

কে তোরে কাঁদাল সোনা, আমার মন বড়ই চঞ্চলা

মায়ের কাছে তাড়া খেলি, নাকি আছাড় খেলি বল,

সোনা আমার দুষ্টু ভারি, মিষ্টি পাকা ফল।।

সইতে পারি অনেক কিছুই, সই না চোখের জল।।

মেঘের কোনাই চাঁদের আভা, সুন্দর দেখাই বেশ,

তোর হাসি মুখ দেখলে চিত্তে, হয় আনন্দের আবেশ।।
নানান কাজের মাঝে তুই যে, মনে আমার বল।।

নং- ১৩৩ *স্ত্রী- ও কাঠুরিয়া, তুমি যাবা কোন বনে, আমায়
নিয়া যাবা না,*

স্ত্রী- ও কাঠুরিয়া, তুমি যাবা কোন বনে, আমায় নিয়া যাবা না,

আমি গেলে তোমার সনে, কষ্ট তুমি পাবা না।

পুং- যামু আমি বাদার বন, মধু করিতে অন্বেষণ

সাপ বাঘ আছে সেথাই, বিপদ তুমি বাড়াও না।

স্ত্রী- বাঘ ভাল্লুক যতোই থাক, আমার প্রাণ যাই তো যাক,

তোমার প্রাণের দাম ওগো, আমার কাছে কম না।

পুং- নারে বাবা এমন তো নয়, পরের মাইয়া তুই এখন,

বিয়া তোরে করমু যখন, এমন তো আর হবে না।

উভয়ে- ধূলোক্ষ্যেপা বলে রে ভাই, এমন প্রেম দেখি নাই

যুগে যুগে প্রেমের টানে চলেরে এই জগৎ খানা

ধূলোর গান

নং- ১৩৪ ও পুটির মা, তুমি বাজার যাবা না, তোমার জন্য
কিনা দিমু

ও পুটির মা, তুমি বাজার যাবা না, তোমার জন্য কিনা দিমু

পুঁথির মালা একখানা।।

দেখতে তোমাই লাগে ভালা, পরলে ওগো পুথির মালা,

লোকে বলে ভাগ্য কইরা, পেয়েছে বৌ একখানা

মনে বড় সাধ হয়, তোরে মুই আরো সাজাই,

বানের জলে ধানের গোলা গিয়েছে ভাসিয়া।

গরমকালে ধান লাগামু, ভরে যাবে গোলা।

তখন তোরে কেনা দমু দই কানের সোনা।।

ধূলো বলে ও সোনা বৌ, ধৈর্য্য ধরে রহ না।।

নং- ১৩৫ পুং- ছিঃ, ছিঃ, ছিঃ, তুমি দেখতে বিশ্রী,

পুং- ছিঃ, ছিঃ, ছিঃ, তুমি দেখতে বিশ্রী,

পাড়ার লোক বলে, তোমাই ভূত ভূতুরে ঝি।

স্ত্রী- আমি যা ভেবেছি তাই, তুমি আয়না দেখ নাই,

প্রভাত পাল

পাড়ার লোক দেখে তোমাই, ভূত ভেবে পালাই।

পুং- তোমার নাকটি বেশ খ্যাঁদা, পা দুটি বাঁকা,

হাঁটলে তোমাই দেখে লাগে, পেঁচি পেত্নীর মা-টা

স্ত্রী- আমি পেত্নীর মা, তুমি কাছে এসো না,

সামনে পেলে চেঁচিয়ে খাবো, তোমাই গোটাটা।

পুং- না রে বাবা না, এমন বলিস না, তোকে ছাড়া আমি এখন

বাঁচতে পারি না।

উভয়ে- তবে আই কাছে চলে, এবার কাঁধে কাঁধ মিলে,

সব কাজ করি আমরা দুজনে গিয়ে।

নং- ১৩৬ *ও পচার মা খ্যেতি চলো না,*

ও পচার মা খ্যেতি চলো না,

নতুন ধান কাটি মোরা মাঠ ভরা সোনা।।

কাস্তে হাতে কাটি ধান, মনের আনন্দে,

উঠানে আল্পনা আঁকি, লক্ষী ঘট পেতে,

ধূলোর গান

গোলা ভরা ধান রাখি, কষ্ট রবে না॥

গত বছর আকাল গেল, ধান ছিল না মাঠে

দু-বেলা পেট পুরে পাইনি গো ভাত খেতে,

ছেলে পুলে ক্ষিদের জ্বালাই, কান্না থামে না॥

ধূলোক্ষ্যেপা মাঠের পানে চেয়ে দিন কাটাই,

নয়ন হতে বিন্দু ঝড়ে, স্মৃতির বেদনায়

আর ভয় নাই সু-সকাল, মাঠে ভাতের দানা।

নং- ১৩৭ বাজার যায় কেনা দাই, দামে আগুন লেগেছে

বাজার যায় কেনা দাই, দামে আগুন লেগেছে

ও বৌ তুই উনানে জল ঢেলে দে।

হাটে ঘুরি এদিক, ওদিক, দেখি কানা বেগুন টাই

কানার দামে চোখ কপালে, পকেটে তত কুড়ি নায়,

কী করি গো মাথা চাপড়াই কি উপায় রয়েছে।

কালি কচু দামে অল্প কিনতে গেলাম হাটে,

কিনতে গিয়ে দেখি দামে আকাশ ছুঁয়েছে,

প্রভাত পাল

গরিব মানুষ আমরা ওগো, কারু ভাবার দায় কি রয়েছে।

বুদ্ধিজীবি এই বাংলায়, রয়েছে গো অনেক,

ধূলোক্ষেপ্পা তাদের বলে, মাটির গড়া গনেশ

কুট কাচালি দিন চলে যাই, গরিবের কথা কী তারা ভেবেছে।

নং- ১৩৮ তাই-রে নাই-রে নাই-রে তাই-রে, বলব কী আর
ভাই বে

তাই-রে নাই-রে নাই-রে তাই-রে, বলব কী আর ভাই বে,

এ যুগের হাওয়াই বলে, মিথ্যাবাদির জয় রে॥

ক্ষমতা শালী সেই যে লোক, যার মাথাই বুদ্ধি বিলোপ,

কাজের বেলাই অষ্টরম্ভা, কমবীর সেই রে॥

স্পষ্ট কথা শুনা কষ্ট ঘুরিয়ে বলাই করি রপ্ত,

তাই না হলে হবে জব্দ, আয়ু হবে ক্ষয় রে॥

ধূলোক্ষেপ্পা নীতি কথা, শুনে কই সমাজ ত্রাতা,

ভদ্র ভাষায় কে কয় কথা, গালিবাজ মহাশয় রে॥

নং- ১৩৯ *তেপান্তরের মাঠ পেরিয়ে, রাজ কন্যার বাড়ী,*

তেপান্তরের মাঠ পেরিয়ে, রাজ কন্যার বাড়ী,

পক্ষীরাজ ঘোরাই চরে, রাজ পুত্র দিয়েছে পাড়ি,

রাক্ষসপুরি পেরিয়ে যাবে, ধরতে হবে দম,

কোমরে তরবারি তার, গর্জাই ঝন ঝন।

মায়ার জাল বিছিয়ে চরে, পাহারা দেয় পুরী॥

সাত সমুদ্র তের নদী পেরিয়ে যাবে যে,

রাজ কন্যার সাথে তারি সে দিন হবে বে

যৌতুক দেবে রাজ্য খানি, সুন্দরী রাজ পুত্রী॥

ধূলোক্ষ্যেপার গল্প কথা শুনবে বল কে?

নটে গাছ মুরাই নারে, সতেজ হয়েছে,

রাজ কুমার পৌঁছে গেছে, সুদূর নগরী।

নং- ১৪০ *যাবি আয় পায়ে পায়, মূর্শিদেরী গায়,*

যাবি আয় পায়ে পায়, মূর্শিদেরী গায়,

গোয়ালে আমিনার কোলে, ফুটফুটে জোৎস্নাই।।

বেহেস্তের পথ দেখাবেন, সে যে মহম্মদ,

ছিন্ন ভীন্ন মদিনাকে ধর্মে, করিলেন একছত্র,

ডাক তারে সেই আল্লারে, দেখিবে রশনাই।।

আল্লাহর বাণী যিনি, শোনান জনে জনে,

সৎ কর্মে থাক রে ভাই, রসুল মহম্মদের কথা শুনে,

দোজাকের ভয় আর নয়, চলো বেহেস্তের রাস্তাই।।

ধূলোক্ষ্যেপা ধর্মা ধর্ম কিছুই বোঝে না,

দশচক্র ভগবান যাও তাদের অঙ্গিনা,

সদা রাখো ভালবাসা, মেন পয়গম্বরের কথাই।।

****

www.ingramcontent.com/pod-product-compliance
Lightning Source LLC
Chambersburg PA
CBHW031301130726
47988CB00007B/2668